Die gedichte
Walthers von der Vogelweide

Herausgegeben

von

Hermann Paul

Siebente auflage

besorgt von **Albert Leitzmann**

Max Niemeyer Verlag

Halle (Saale)

1950

Veröffentlicht unter der Lizenz Nr. 113
der Sowjetischen Militärverwaltung in Deutschland
6087/49 — 8431/49

Altdeutsche textbibliothek, herausgegeben von H. Paul
Nr. 1.

H (3) Druck: Kreuz-Verlag G. m. b H., Halle (Saale), Franckeplatz 1
1854

Vorrede

Dem zwecke der sammlung entsprechend, die mit diesem bande eröffnet wird, bin ich lediglich bestrebt gewesen, die gedichte Walthers durch eine möglichst billige und handliche ausgabe leicht zugänglich zu machen. Ich mache nicht den anspruch, damit etwas wesentliches für die kritik und erklärung geleistet zu haben. Meine arbeit hat hauptsächlich darin bestanden, aus der masse der aufgestellten vermutungen das wenige sichere oder wenigstens plausible herauszusuchen.

Bei der herstellung des textes habe ich mich enger an die handschriftliche überlieferung angeschlossen als alle früheren herausgeber. Ich will damit nicht in allen fällen die richtigkeit derselben als zweifellos hinstellen, aber ich meine, daß wir immer auf einem festeren boden bleiben, wenn wir eine überlieferte lesart, die uns einiges bedenken erregt, stehen lassen, als wenn wir sie durch eine konjektur ersetzen, die willkürlich aus verschiedenen möglichkeiten ausgewählt ist. Am wenigsten habe ich da, wo der sinn keinen anstoss erregt, unerwiesenen metrischen voraussetzungen zu liebe ändern mögen. In der beseitigung orthographischer und dialektischer eigenheiten der handschriften bin ich weiter gegangen als Lachmann, um das verständnis eines textes, der auch von anfängern gebraucht werden soll, nicht unnötig zu erschweren. Im übrigen lege ich auf die von mir gewählte schreibweise kein besonderes gewicht, da ich sehr wohl weiss, wie wenig wir im stande sind, ein abbild von der wirklichen sprache des dichters zu geben. Die anmerkungen, die auf das knappste mass beschränkt werden mussten, dienen hauptsächlich dazu, über die den gedichten zu grunde liegenden politischen und persönlichen verhältnisse aufschluss zu geben.

Die wichtigsten punkte, in denen ich in bezug auf textkritik, erklärung und datierung der lieder von den bisherigen herausgebern abgewichen bin, sind im achten bande der Beiträge zur geschichte der deutschen sprache und literatur näher erörtert.

Freiburg i. B., oktober 1881.

Der text dieser auflage ist, abgesehen von berichtigungen der druckfehler ·und einigen veränderungen der schreibweise, an folgenden stellen geändert: 2 23. 28. 4 13. 14. 16. 20. 21. 24. 28. 31 27. 33 2. 5. 14. 15. 16. 56 3. 5. 12. 17. 57 5. 12. 13. 17. 42. 91 32. Die änderungen sind zum großen teile durch die wolfenbütteler bruchstücke veranlasst. In der einleitung und den anmerkungen ist die neuere literatur nachgetragen, sonst war zu veränderungen wenig anlass. Das glossar hat einige berichtigungen und erweiterungen erfahren.

München, 13. oktober 1894.

Der text ist, abgesehen von notwendigen berichtigungen, fast unverändert geblieben. In der einleitung und in den anmerkungen ist die neue literatur berücksichtigt. Die zweite auflage der textausgabe von Wilmanns ist mir erst zugegangen, nachdem der druck grösstenteils vollendet war. Für beihilfe bei der korrektur bin ich herrn dr. F. Wilhelm zu dank verpflichtet.

München, mai 1905.

Die auflage unterscheidet sich· von der vorhergehenden nur durch kleine berichtigungen und zusätze, namentlich solche, ·die durch die neuere literatur notwendig geworden sind.

München, januar 1911.

Zu dieser auflage gilt dasselbe wie zur vierten. Zur herstellung des textes konnte ich die eigenen augen nicht gebrauchen. Unterstützt haben mich frau dr. Löwenfeld und fräulein Annemarie Deditius (frau dr. Köhler). Die korrektur ist besorgt von herrn dr. Rudolf Blümel und herrn dr. Arthur Hübscher.

München, mai 1921.

H. Paul.

Der freundlichen aufforderung des herrn verlegers, nach Pauls ausgaben des Gregorius und Armen Heinrich nun auch seine völlig vergriffene ausgabe Walthers von der Vogelweide für eine neue auflage zu besorgen, habe ich mich nicht ohne bedenken folge zu leisten entschlossen. Unsere klassische lyrik des mittelalters ist für mich niemals das gebiet eingehenderer wissenschaftlicher forschungsarbeit gewesen, die sich vielmehr immer um die werke der epischen und didaktischen poesie und um die schöpfungen des 12. jahrhunderts als ihre mittelpunkte bewegt hat. Auf der andern seite schien mir aber der gegenwärtige zustand der Waltherforschung vor allem auf dem gebiet der textkritik und interpretation durch die „Untersuchungen" von Carl von Kraus einen so günstigen aspekt darzubieten, daß der versuch, dies alte hilfsmittel für den akademischen unterricht aufs neue lebensfähig zu gestalten, gewagt werden konnte. Und erhalten zu werden verdiente Pauls arbeit für alle fälle, weil sie die glänzenden eigenschaften seiner gelehrtenpersönlichkeit wie in einem brennpunkte vereinigt zeigt: ruhige, durch keine lieblingsmeinungen voreingenommene klarheit und objektivität, unbeirrbaren logischen scharfsinn, schlichte, nur durch den eigenen gehalt gewinnende darstellungsgabe. Sie lassen mir auch die einleitung zu Walthers gedichten noch heute so meisterhaft erscheinen, daß kein wort geändert zu werden brauchte. An irgend welche konkurrenz mit andern ausgaben war von anfang an niemals gedacht worden. Der forscher wie der student unsrer tage wird natürlich stets auf den variantenapparat von Lachmann-Kraus, auf den einzelkommentar der ausgabe von Wilmanns-Michels und auf die glänzenden „Untersuchungen" von Kraus zurückgreifen müssen, ohne deren sichere, sachkundige führung kein noch so kleiner schritt in Walthers welt getan werden kann.

Den text habe ich völlig mit Lachmanns zehnter, von Kraus gänzlich umgearbeiteter ausgabe von 1936 übereinstimmend gestaltet. Gewisse eigenheiten der orthographie und wortgestaltung, die Lachmann-Kraus im anschluß an einzelne handschriften der erhaltung für wert

gehalten oder aus metrischen gründen neu eingeführt
haben, habe ich aus mangelndem respekt vor diesen bei-
den quellen nicht übernommen: es handelt sich dabei um
die formen *ab, ald, dêr, dur, ener, -ent* in der 2. plur.,
hêrre, obe, od, schâte, selh, selk, wan für *man, wel, welt,
zwênzec.* In folgenden eigentlichen lesarten trenne ich
mich von Lachmann-Kraus:

5 28 *sprach* — 72, 27 *jach*
11 2 *enwurde* — 100, 4 *wurde*
    12 *wan* — 100, 15 *ab*
13 14 *doch* — 74, 33 *dô*
    21 *niht* — 75, 13 *dô*
21 6 *ze vreuden* — 93, 24 *ze allen vreuden*
38 16 *muose* — 64, 11 *muose et*
39 4 *hœre* — 119, 20 *hôrte*
    7 *des mîn herze inneclichen* — 119, 23 *inneclichen
        des mîn herze*
    26 *wande ich* — 120, 5 *ich*
56 12 *jâ* — 114, 34 *joch*
69 86 *kunte* — 148, 11 *gunde*
72 27 *daz ist ein* — 103, 23 *des wehset*
75 40 *ich wœne* — 34, 33 *wœn*
76 41 *diu* — 28, 31 *die*
78 99 *selben* — 81, 9 *selber*
107 4 *und* — 36, 14 *und sin.*

Die inzwischen neu bekannt gewordenen strophen habe
ich den zweifelhaften und unechten am schluß als nr. **111**
bis **114** angefügt. Das ausführliche lesartenverzeichnis
([5] s. **173—181**) schien mir in dieser form keine existenz-
berechtigung mehr zu haben: ich habe es deshalb ge-
strichen. Die anmerkungen, die nichts weniger als einen
lückenlosen kommentar darstellen wollten, habe ich mit
ausnahme geringer streichungen im wesentlichen unver-
ändert gelassen und nur ein paar mir notwendig schei-
nende verweisungen hinzugefügt. Was endlich die anord-
nung der gedichte betrifft, die, wie ich weiß, für viele ein
stein des anstosses war und ist, so habe ich sie, da sie
mir ein character indelebilis der ausgabe erscheint, unver-

ändert beibehalten, zumal Paul selbst, wie ich mich aus gesprächen mit ihm erinnere, wert auf sie legte. Bei den reichlich gegebenen verweisungen auf Lachmann-Kraus wird es, denke ich, keine allzu großen schwierigkeiten machen, beide ausgaben zu konfrontieren.

Ich hoffe, daß dem buche in dieser neuen gestalt weite verbreitung beschieden sein und daß es im akademischen unterricht bei unsern jungen germanisten anregend und befruchtend wirken möge.

J e n a , 8. juli 1943; 25. august 1949.

Albert Leitzmann.

Einleitung.

1. Walthers leben[1]).

Die kenntnis der lebensumstände Walthers von der Vogelweide verdanken wir fast ausschließlich den andeutungen in seinen gedichten. Nur wenige sonstige zeugnisse stehen uns zu gebote.

[1]) Gesamtdarstellungen von Walthers leben, die eine selbständige bedeutung in anspruch nehmen dürfen, sind die folgenden. L. Uhland, Walther von der Vogelweide, ein altdeutscher dichter (Stuttgart 1822); wieder abgedruckt in Uhlands Schriften zur geschichte der dichtung und sage 5, 1 (ebenda 1870). Von der Hagen, Minnesinger 4, 160. M. Rieger, Das leben Walthers von der Vogelweide (Gießen 1863). R. Menzel, Das leben Walthers von der Vogelweide (Leipzig 1865). W. Wilmanns, Leben und dichten Walthers von der Vogelweide (Bonn 1882); neu bearbeitet unter dem titel: Walther von der Vogelweide, herausgegeben und erklärt von W. Wilmanns, vierte vollständig umgearbeitete auflage, besorgt von Victor Michels. Erster band: Leben und dichten Walthers von der Vogelweide (Halle 1916). A. Schönbach, Wather von der Vogelweide, ein dichterleben (Dresden 1890 (populär); [3] Berlin 1910 [[4] 1923]). K. Burdach Allgemeine deutsche biographie 41, 35. Derselbe, Walther von der Vogelweide, philologische und historische forschungen 1 (Leipzig 1900). Derselbe, Der mythische und der geschichtliche Walther Deutsche rundschau 113, 38. 237 [Vorspiel 1, 334] (was Burdach neues bringt, scheint mir grösstenteils entweder verfehlt zu sein oder nur den wert von vermutungen zu haben: weshalb es auch von mir nicht überall berücksichtigt ist: vgl. die anzeigen von Hampe Archiv für das stud. der neueren spr. 109, 152 und von Dieterich Literaturbl. für germ. und rom. philol. 1903 s. 269). Const. Heisterbergk, Walther von der Vogelweide (Dresden 1910, populär mit auswahl in original und übersetzung). R. Wustmann, Walther von der Vogelweide (Strassburg 1912, verfehlt). Man vergleiche ausserdem die einleitungen zu den ausgaben von Pfeiffer und Wilmanns. Mit einzelnen umstän-

Über sein geburtsjahr können wir nur auf grund späterer feststehender daten aus seinem leben eine ungefähre vermutung wagen. Wir werden dadurch auf etwa 1160—70 geführt. Seine heimat hat man in den verschiedensten gegenden Deutschlands gesucht; so in der Schweiz [1]), in Franken [2]), in Österreich [3]), in Böhmen [4]). Mit besonderer entschiedenheit ist die ansicht geltend gemacht, daß er aus Tirol stamme, wo an mehreren örtlichkeiten der name Vogelweide haftet. Zuerst entschied sich Pfeiffer [5]) für ein Vogelweide, das er in einem unter der regierung des grafen Meinhard von Tirol

den in Walthers leben und der chronologie seiner gedichte beschäftigen sich O. Abel Zfda 9, 138. Wilmanns ebenda 13, 249. Nagele Germ. 24, 151. 298. 32, 165. 257 (wertlos), dazu noch ein programm der staatsoberrealschule zu Marburg a. D.: Studien zu Walther von der Vogelweide (1892). Paul Beitr. 8, 161. P. Apetz, Chronologische begrenzung der von Walther von der Vogelweide in seinen sprüchen verwandten töne (jenaer diss. 1881). P. Walther Germ. 32, 197. 299 (wertlos). Koppmann ebenda 36, 258 (verfehlt). Rieger Zfda 47, 225. Singer Beitr. 44, 451. G. van Poppel, Realien zu Walther von der Vogelweide Neophil. 2, 190. Ausserdem vgl. man die anmerkungen zu den ausgaben von Lachmann, Pfeiffer und Wilmanns und zu der übersetzung von Simrock [und Kraus, Walther von der Vogelweide, untersuchungen (Berlin und Leipzig 1938); dazu die rezensionen von Schneider Afda 55, 124 und Halbach Zfdph 63, 210].
[1]) Zuerst Waser in seiner ausgabe von Stumpfs Schweizerchronik vom jahre 1606. In neuerer zeit H. Kurz, Über Walthers von der Vogelweide heimat und herkunft (Aarau 1863). [2]) Oberthür, Die minne- und meistersinger aus Franken (Würzburg 1818) s. 30. Wackernagel in den anmerkungen zu Simrocks übersetzung 2, 194. Pfeiffer Germ. 5, 1. [3]) Lachmann zu 34, 18 und 124, 7 seiner ausgabe (erst in der zweiten auflage). Vgl. Lambel Blätter des vereins für landeskunde in Niederösterreich neue folge 26, 1. 224. 27, 110. 28, 24. [4]) H. Kallwich, Böhmen die heimat Walthers von der Vogelweide? Mitt. des vereins für gesch. der Deutschen in Böhmen 32, 93 und besonders (Prag 1893). [5]) In der einleitung zu seiner ausgabe s. XIX, [6] s. XXV.

(† 1295) geschriebenen urbarbuche nachwies und das im Eisack- oder oberen Wiptale zwischen Schellenberg und Mittenwalde gelegen haben muß. Später wurden ansprüche erhoben für den Innervogelweiderhof im Layener Ried [1]. Indessen ist Vogelweide als orts- und personenname und das davon abgeleitete Vogelweider als personenname auch anderweitig nachzuweisen [2]), und die sonst für Tirol geltend gemachten gründe sind nicht stichhaltig [3]). Wir müssen eingestehen, daß uns die heimat des dichters unbekannt ist.

Walther stammte wahrscheinlich aus einem dienstmannengeschlechte. Dass er die ritterwürde erworben hat, ist an sich nach der sitte der zeit wahrscheinlich. Es würde sich mit sicherheit aus 2, 3. 3, 3. 4, 3 unserer ausgabe ergeben, wenn die echtheit der betreffenden lieder über allen zweifel erhaben wäre und wenn wir sie mit notwendigkeit auf ein reales liebesverhältnis des dichters beziehen müssten. Schwerlich aber würde ihm sonst der titel *herre* übereinstimmend von den zeitgenossen und den jüngeren ihm der zeit nach noch nicht zu fern stehenden dichtern und handschriftenschreibern beigelegt sein, noch weniger würde er sich selbst denselben angemasst haben. Denn dass er einer freiherrlichen familie entstammt wäre, wonach ihm dieser titel von geburt zugestanden hätte, ist doch wohl ausgeschlossen. Irgend ein besitztum oder lehen scheint er von hause aus nicht gehabt zu haben. Er war auf die gnade anderer angewiesen.

---

[1]) Zuerst von A. Spieß und J. Haller. Vgl. über diese ansprüche besonders P. Anzoletti, Zur heimatfrage Walthers von der Vogelweide (Bozen 1876) und Walther von der Vogelweide und der Innervogelweiderhof bei Klausen in Tirol (programm, ebenda 1890). O. Redlich Mitteilungen des inst. für österr. geschichtsf. 13, 160. J. Zingerle Germ. 20, 257. Ficker ebenda s. 271. Klaar Mitt. des inst. für österr. geschichtsf. 6, 265. O. v. Zingerle, Über unbekannte Vogelweidhöfe in Tirol (Innsbruck 1909). [2]) Vgl. Scheins Zfda 19, 239. J. M. Wagner ebenda. Palm Zfdph 5, 203. Ed. Jacobs Beitr. zur deutschen

Sein bildungsgang wird der gewöhnliche eines ritters gewesen sein. Es ist nicht wahrscheinlich, dass er schulmässig in der gelehrsamkeit der zeit unterrichtet ist [1]). Es kann sein, dass er nicht einmal lesen und schreiben gelernt hat. Die paar lateinischen brocken, die bei ihm vorkommen, und die theologische gelehrsamkeit seiner religiösen dichtungen waren gemeingut, das man sich auch ohne schule aneignen konnte.

Walther sagt **75, 138,** dass er in Österreich die sangeskunst erlernt habe. Sein hauptlehrer darin (an einen förmlichen unterricht werden wir allerdings nicht zu denken haben) war Reinmar, zum unterschied von andern dichtern des gleichen namens „der alte" bei-benannt, welcher identifiziert zu werden pflegt mit „der von Hagenau", die Gottfried von Strassburg in seinem Tristan **4778** als die erste unter allen nachtigallen, d. h. unter allen minnesingern preist. Reinmar lebte am österreichischen hofe in einer stellung, die wir wohl als die eines hofdichters bezeichnen können. In eine ähnliche stellung scheint auch Walther eingetreten zu sein. Er war so in der ersten zeit seiner dichterischen tätigkeit der sorge um seinen unterhalt enthoben, indem ihm alles, was er brauchte, von dem herzoge zu teil ward. Wann Walther zuerst nach Wien gekommen ist, lässt sich nicht ausmachen. **68, 13** erwähnt er Friedrich von Österreich (1194—98) als seinen gönner. Es ist aber wahrscheinlich, dass er schon unter dessen vater, Leopold VI., am hofe geweilt hat. In dem liede **92, 7** rechnet er vierzig jahre oder noch mehr, während deren er von minne gesungen habe. Wir können dies lied aber nicht bestimmt datieren, sondern eben nur aus dieser äusserung schliessen, dass es den spätesten lebensjahren

---

philol. für Zacher s. 205. Wolkan Germ. 31, 431. R. Müller Blätter des vereins für landeskunde von Niederösterreich neue folge 22, 196. Lambel ebenda 26, 5. [3]) Vgl. Schön-bach Afda 4, 6; Zarncke Beitr. 2, 574.

[1]) Anders Burdach, Walther 1, 28 und Wilmanns-Michels 1, 74. [2]) Ohne zureichenden grund setzt es Rieger

des dichters angehören muss, wozu der ganze ton stimmt[2]). Nach der stellung, welche Walther in der entwicklung der lyrik einnimmt, ist es nicht wohl gestattet, den anfang seines dichtens viel über 1190 hinaus zurückzuschieben.

· Herzog Friedrich starb am 15. oder 16. april [1198] in Palästina. Ihm folgte sein bruder Leopold VII. Zwischen diesem und Walther scheint ein missverhältnis bestanden zu haben, wovon wir die ursache nicht kennen. Denkbar wäre es, dass Reinmar dazu beigetragen hat, zu dem Walther in ein feindseliges verhältnis geraten war, wie aus den ihm gewidmeten klagestrophen (71, 1) hervorgeht. In folge davon war es für Walther unmöglich, länger in dem früheren verhältnisse in Wien zu bleiben, und er sah sich genötigt, anderswo ein unterkommen zu suchen. Da er 68, 13 den tod Friedrichs als den anfangspunkt seines unglücks bezeichnet, so müssen wir wol annehmen, dass er Wien erst verlassen hat, nachdem die nachricht von diesem trauerfall dort angelangt war. Möglich ist es allerdings, dass er schon vorher einmal einen ausflug von da unternommen hat.

Walther ergreift jetzt, soviel wir wissen, als der erste unter den ritterlichen dichtern, das gewerbe eines fahrenden spielmannes[1]). Als solcher treibt er sich mehr als zwanzig jahre in den verschiedensten gegenden umher. 75, 161 bezeichnet er die flüsse Seine und Mur (in Steiermark), Po und Trave als grenzen, innerhalb deren er das leben der menschen beobachtet habe. 52, 17 spricht er sogar von vielen ländern, die er gesehen habe,

---

(Leben Walthers s. 75), dem früher auch Wilmanns beistimmte, in das jahr 1217, was einen so frühen anfangspunkt für die dichterische tätigkeit Walthers ergeben würde, wie er mit dem, was wir sonst von der entwicklung des minnesanges wissen, nicht zu vereinbaren ist.

[1]) Anders fasst Burdach, Walter 1, 38, die stellung des dichters während dieser periode auf. Er nimmt an, dass er nach und nach zu verschiedenen fürsten in ein kündbares vasallenverhältnis getreten sei.

und räumt Deutschland den vorzug vor allen ein. Der ausdruck ist wohl etwas übertrieben, um die ehre Deutschlands kräftiger hervortreten zu lassen. Wir sind ausser stande die ganzen wanderungen des dichters im einzelnen zu verfolgen. Dazu reichen die mannigfachen anhaltspunkte doch nicht aus, die uns allerdings durch seine gedichte geboten werden. Die darin enthaltenen andeutungen sind vielfach zu unbestimmt und für uns nicht mehr verständlich. Wir sind ja aber auch gar nicht berechtigt zu erwarten, dass er auf jeden einiger- massen wichtigen umstand seines lebens irgendwo an- spielen müsste. Von vornherein muss es als verfehlt be- trachtet werden, wenn man, wie es gewöhnlich geschieht, die wanderungen Walthers und seine beziehungen zu fürstenhöfen auf denjenigen kreis einschränkt, auf den wir durch die erhaltenen gedichte gewiesen werden. Das einzige, erst neuerdings bekannt gewordene, anderweitige zeugnis über Walthers wanderungen in dieser periode zeigt ihn uns im jahre 1203 an einem orte und in einer beziehung, wovon bis dahin niemand etwas vermuten konnte. Es ist sehr geeignet die übliche art sein leben zu konstruieren zu diskreditieren.

Walther hat an mehreren höfen längere zeit verweilt und vielleicht hier und da auf ein dauerndes verhältnis gerechnet. Dass er aber irgendwo jahre lang hinter- einander sich aufgehalten habe, ist eine zwar nicht wider- legbare, aber auch nicht beweisbare annahme. Seine normale lage stellt er 75, 77 und 76, 38 ausdrücklich so dar, dass er von tag zu tag genötigt sei sein quartier zu wechseln. Den versuch, Walthers lebensjahre auf einen thüringischen, meissnischen, österreichischen usw. aufenthalt, respektive mehrere thüringische, österreichi- sche aufenthalte zu verteilen, hätte man niemals machen sollen. Ich verzichte auf eine derartige chronologie, in- dem ich die höfe aufzähle, zu denen sich eine beziehung Walthers für diese periode nachweisen lässt.

Ich beginne mit dem deutschen königshofe. Gleich nachdem er Österreich verlassen hatte, scheint sich Walther zu Philipp von Schwaben gewendet zu haben,

in dessen interesse er bereits den spruch **67**, 1 gedichtet
hatte. Er war zugegen wahrscheinlich bei der ersten
krönung Philipps am 8. september 1198 (**68**, 1) und sicher
bei dessèn weihnachtsfeier in Magdeburg 1199 (**68**, 25).
Aus **68**, 13 geht hervor, dass er geradezu unter das hof-
gesinde Philipps aufgenommen war. Das verhältnis
könnte nicht von langer dauer gewesen sein, wenn die
annahme richtig wäre, dass er schon im jahre 1200
wieder den wiener hof aufgesucht hätte, doch könnte der
betreffende aufenthalt erst in das jahr 1203 fallen (vgl.
zu 69, 1); für das jahr 1203 ist uns sicher bezeugt, dass
er nicht mehr in der umgebung Philipps weilte, sondern
auf der wanderschaft begriffen war. In den neuerdings
aufgefundenen reiserechnungen[1]) Wolfgers von Ellen-
brechtskirchen, bischofs von Passau, seit 1204 patriarchen
von Aquileja, findet sich unter andern ausgaben auch
folgende verzeichnet: *Sequenti die apud Zeize . . .
Walthero cantori de Vogelweide pro pellicio .V. sol.
longos.* Walther erhält also vom bischof fünf solidi zur
anschaffung eines pelzkleides geschenkt. Hinter Zeize
ist ein stück fortgerissen; nach den voranstehenden und
folgenden ortschaften kann es nicht zweifelhaft sein, dass
wir es zu *Zeizemurum* zu ergänzen haben. *Zeizemûre*,
jetzt Zeiselmauer, liegt am rechten ufer der Donau zwi-
schen Tulln und Klosterneuburg. Eine weitere unter-
suchung über die rechnungen ergibt, dass die schenkung
am 12. november 1203 erfolgte[2]). Hieraus erhellt die

---

[1]) Zuerst entdeckt von A. Wolf im kommunalarchiv
zu Cividale und vollständig veröffentlicht von J. Zingerle,
Reiserechnungen Wolfgers von Ellenbrechtskirchen,
bischofs von Passau, patriarchen von Aquileja (Heilbronn
1877). Vgl. die frühere abhandlung von Zingerle in der
Germ. 21, 193. [2]) So hat Zingerle zuerst den termin be-
stimmt. Winkelmann in der Germ. 23, 236 nimmt das jahr
1199 an. Dagegen ist Zarncke in den Berichten der königl.
sächs. gesellschaft der wissensch. phil.-hist. klasse 1878
für die ansetzung Zingerles eingetreten. Vgl. noch gegen
Zarncke für Winkelmann die abhandlung von A. Nagele
Germ. 24, 392 und dagegen wieder Zarncke ebenda 25, 71.

unrichtigkeit der früher gangbaren annahme, dass sich
Walther um diese zeit noch an dem hofe Philipps be-
funden habe. In Philipps interesse dichtete er noch nach
dem 29. juni 1201 den spruch **67, 25**: Zwei ermahnungen
an Philipp, die wahrscheinlich einer späteren zeit ange-
hören (**68, 37. 70 ª, 1**), zeigen ihn nicht gerade in des
königs dienste.

Nach Philipps tode hat sich auch Walther der all-
gemeinen anerkennung Ottos nicht entzogen. In persön-
liche beziehung zu diesem scheint er erst nach dessen
rückkehr aus Italien im märz 1212 getreten zu sein. Der
spruch, mit welchem er den heimkehrenden begrüsst
(**73, 1**), scheint der erste unter den in Ottos interesse
verfassten zu ein. Beweisen lässt es sich freilich nicht,
dass nicht auch einige schon gedichtet sein können; wäh-
rend Otto noch in Ialien weilte. Otto war am 4. oktober
1209 zum kaiser gekrönt, aber bald darauf in folge eines
angriffs auf das königreich Sizilien mit papst Innozenz
zerfallen. Dieser sprach am 18. november 1210 den bann
über ihn aus und reizte die deutschen fürsten zum abfall
von ihm. Eine fürstenversammlung zu Nürnberg be-
schloss im september 1211 die erhebung Friedrichs von
Sizilien zum deutschen könig. Ottos rückkehr brachte
die aufrührer zunächst wieder zur unterwerfung. Aber
als Friedrich, der an ihn ergangenen Aufforderung fol-
gend, im september 1212 in Deutschland erschien, fiel
ihm rasch ein grosser teil der fürsten zu. Am 5. dezem-
ber ward er zu Frankfurt gewählt und am 9. dezember
zu Mainz gekrönt. In dem kampfe der beiden parteien
vertritt Walther energisch die sache des kaisers gegen
den papst. Hierher gehören die sprüche **73, 13—48.
75, 1—70** und wahrscheinlich auch **69, 46**. Die spitze
kehrt sich dabei überall gegen den papst und die geist-
lichkeit, die person Friedrichs wird nirgends angegriffen.

Dazu jetzt die ausführliche untersuchung von P. Kalkhoff,
Wolfger von Passau 1190—1204 (Weimar 1882, strass-
burger diss.) [und Höfer Beitr. 17, 441]. [Vgl. noch Stein-
berger in Wilhelms Münchener mus. 4, 229.]

Wir wissen nicht, ob sich Walther während dieser politischen tätigkeit dauernd in der umgebung Ottos aufgehalten hat. Jedenfalls ward sie nach seiner eigenen auffassung im diente Ottos ausgeübt, und er hielt sich für berechtigt, eine belohnung dafür zu verlangen. Seine bitte, ihm ein heimwesen zu verschaffen (**75, 71**)[1]), blieb erfolglos. Mit entrüstung über den undank Ottos (vgl. **76, 1—20**) wendet er sich schliesslich wie fast alle früheren anhänger desselben von ihm ab und tritt zu Friedrich über. Kurze zeit vor den übertritt gehört vielleicht die strophe **70ª, 15**, in der sich schon unzufriedenheit mit der politik Ottos ausspricht.

Friedrich zeigte sich gleich im anfang freigebig gegen den dichter, welcher selbst bekennt, dass er noch durch nichts eine belohnung von ihm verdient habe (**76, 3**). Diese gunstbezeugungen scheinen aber vorübergehend gewesen zu sein, und wir sehen auch nicht, dass Walther dem könige in den ersten jahren durch seine tätigkeit irgend etwas genützt hat, worauf er höhere ansprüche hätte begründen können. Erst kurz vorher, ehe Friedrich zur kaiserkrönung nach Italien zog (im frühling 1220), zu einer zeit, wo er Walthers dienste sehr gut brauchen konnte, scheint sich dieser an ihn mit der nämlichen bitte gewendet zu haben, die ihm früher von Otto abgeschlagen war (**76, 31**). Er erhielt ein lehen von Friedrich, wofür er seinen dank mit lautem jubel ausspricht (**76, 41**). Bald darauf jedoch klagt er, dass ihm nichts davon übrig bleibe, womit er den zehnten bezahlen könne[2]). Jedenfalls aber hatte er nun eine gesicherte existenz, und die periode der unsteten wanderschaft war abgeschlossen. Auf grund der nachrichten über Walthers grabmal hat man vermutet, dass sein lehen in Würzburg gelegen habe.

---

[1]) Dass es Otto ist, an den sie gerichtet ist, steht allerdings nicht vollkommen fest, aber der hinweis auf das schach scheint auf die bedrohung durch einen gegenkönig zu deuten. [2]) Wenig wahrscheinlich ist die abweichende auffassung von Burdach, Walther 1, 40. 82.

Wenden wir uns jetzt zu den sonstigen beziehungen Walthers in diesem zeitraume, so ist zunächst hervorzuheben, dass er, wenngleich er den wiener hof als dauernde heimat hatte aufgeben müssen, doch wiederholt auf kürzere oder längere zeit dahin zurückgekehrt ist[1]). Diesem hofe wieder anzugehören ist nach einer undatierbaren strophe (**71**, 53) eins von den drei hauptzielen seiner sehnsucht. Nach einer anderen undatierbaren strophe (**75**, 111) ist Leopolds hof einer von den dreien, wo ihm stets ein unterkommen gesichert ist. Daraus lässt sich wol auf ein häufigeres ab- und zugehen Walthers schliessen. Als er mit seinem höfischen gesange kein gehör mehr finden kann, wendet er sich an Leopold als seine letzte zuflucht (**75**, 121. 131). Die bitte an den freigebigen herzog, auch seiner zu gedenken (**69**, 16), und der vergleich zwischen dem früheren glanze und dem dermaligen verfall des hofes (**69**, 31) werden jetzt gewöhnlich noch in die zeit von Walthers ständigem aufenthalt in Wien gesetzt, sind aber wahrscheinlich bei späteren besuchen entstanden. Bestimmtere anhaltspunkte für die zeitbestimmung geben uns **69**, 1. **75**, 141. **76**, 21. **69**, 1 könnte 1200 oder 1203 verfasst sein (s. die anm.). **76**, 21 ist zur begrüssung des herzogs bei seiner rückkehr vom kreuzzuge verfasst; aus **75**, 141 geht hervor, dass Walther sowohl zu einer zeit, wo Leopold die kreuzfahrt noch nicht angetreten, aber schon beschlossen hatte, als auch einige zeit nach seiner rückkehr in Wien gewesen ist. Daraus folgt aber nicht, dass er auch in der ganzen zwischenzeit während der abwesenheit Leopolds dort verweilt hat. Leopold brach im juni 1217 nach Palästina auf und kehrte im juli 1219 zurück. Indessen muss bemerkt werden, dass sich die beiden sprüche auch auf den kreuzzug beziehen können, den Leopold im jahre 1212 gegen die spanischen Sarazenen und die Albigenser unternahm. Er entledigte sich damit eines gelübdes, von

---

[1]) Vgl. Wackernell, Walther von der Vogelweide in Östreich (Innsbruck 1876); dazu Schönbach Afda 4, 1 und Wackernell Zfdph 11, 62.

dem schon in einem an ihn gerichteten schreiben des papstes vom 25. februar 1208 die rede ist, wobei es ursprünglich und noch im jahre 1210 auf eine fahrt nach Palästina abgesehen war. Die Sparsamkeit Leopolds, auf die **75**, 141 gedeutet wird, lässt sich demnach schon auf die zeit von 1208 an beziehen. Noch ist ein an Leopold gerichteter spruch zu erwähnen (**75**, 151), welchen Lachmann als den ausdruck eines definitiven zerwürfnisses zwischen diesem und dem dichter auffasst und daher als den letzten auf den österreichischen hof bezüglichen spruch betrachtet. Man kann dabei aber auch an einen harmlosen scherz denken, und dann fehlt jeder anhalt zu einer zeitbestimmung. Ein aufenthalt Walthers in Österreich ist uns endlich durch die reiserechnungen Wolfgers (vgl. oben s. XV) für den 12. november 1203 bezeugt. Es ist wahrscheinlich, dass er sich damals auf dem wege von Wien befand.

75, 111 preist Walther neben Leopold zwei andere gönner, bei denen ihm stets ein unterkommen gesichert ist. Den einen bezeichnet er als den *veter*, d. h. nach dem gewöhnlichen sprachgebrauch oheim Leopolds. Gemeint ist wahrscheinlich herzog Heinrich, bruder Leopolds VI., der zu Mödling seinen sitz hatte, gestorben 1223. Dass mit dem *biderben patriarken* Berthold von Andechs, seit 1218 patriarch von Aquileja, gemeint sein müsse, ist eine annahme, die man ohne grund immer wiederholt hat. Es liegt näher, an seinen vorgänger Wolfger zu denken, zumal da jetzt bezeugt ist, dass derselbe schon als bischof von Passau den dichter beschenkt hat. Ein anderer benachbarter fürst, dessen freigebigkeit Walther häufig erfahren hat (nach **75**, 91), ist der herzog von Kärnten (Bernhard 1202—56). Aber dass er sich längere zeit hinter einander an dessen hofe aufgehalten habe, ist aus den beiden auf ihn bezüglichen strophen (**75**, 91. 101) nicht zu schliessen.

Neben dem wiener ist es der glänzendste unter den deutschen höfen dieser zeit, der des landgrafen Hermann von Thüringen, an welchem Walther am meisten verweilt zu haben scheint. Wir haben darüber ausser seinen eige-

nen gedichten das zeugnis Wolframs von Eschenbach.
Dieser beschwert sich in seinem Parzival über die vielen
unwürdigen unter dem hofgesinde Hermanns und fährt
dann fort (297, 24): *des muoz her Walther singen 'guoten
tac, bœse unde guot';* offenbar der anfang eines verlorenen
liedes, das Walther am thüringer hofe vorgetragen hat.
Die zeit, in welcher Wolfram diese anspielung machte,
läßt sich ungefähr danach bestimmen, daß er an einer
späteren stelle (379, 18) von den noch sichtbaren spuren
der verwüstung des erfurter weingartens spricht. Diese
verwüstung war offenbar die folge der kämpfe des jahres
1203, in welchem Erfurt durch Philipp eingenommen
wurde, der dann darin von den anhängern Ottos belagert
wurde [1]). Da demnach diese stelle nicht lange nach der
belagerung gedichtet ist, so ist auch die frühere spätestens
nicht lange nach derselben entstanden, vielleicht sogar
noch etwas eher. Da wir nun Walther im november 1203
in Österreich finden, so ist sehr wahrscheinlich, dass er
schon vorher einmal am thüringer hofe verweilt hat [2]).
Dass er mehrmals dort war, geht aus **75, 84** klar hervor.
Nach dem ersten, vielleicht nur kurzen, chronologisch
nicht genauer bestimmbaren aufenthalte scheint die schil-
derung des hofes entworfen zu sein, die **68, 49** gegeben
wird. Bei einem späteren aufenthalte bezeichnet sich der
dichter als *ingesinde* des landgrafen (**75, 81**); das deutet
auf längeres verweilen. Nach Eisenach weisen noch die
spottgedichte auf Gerhard Atze (**71, 66. 72, 1**). Walthers
freundschaftliche beziehung zu Hermann zeigt die für-
bitte, die er im jahre 1212 für ihn bei Otto einlegt (**74, 29**).

Engere beziehungen hat Walther auch zu dem schwie-
gersohne Hermanns, dem markgrafen Dietrich IV. von
Meissen (1195—1220), gehabt. Im interesse desselben
wirkt er bei Otto IV. nach dessen rückkehr aus Italien
(**73, 10**). Vielleicht hat er sich unmittelbar vorher an
Dietrichs hofe aufgehalten. Dieser bringt ihm ein proble-

---

[1]) Burdach, Walther 1, 60 nimmt beziehung auf die
kämpfe des jahres 1204 an. Es lässt sich aber nicht nach-
weisen, dass Erfurt unter denselben derart gelitten hätte
wie 1203. [2]) Vgl. Wackernell Germ. 22, 280.

matisches geschenk aus Franken (**70**ᵇ, 1), vielleicht bei
der rückkehr nach hause, wo er Walther gelassen hatte;
notwendig ist das aber nicht aus den worten zu schliessen.
Später beschwert sich Walther über die undankbarkeit
des Meissners **74**, 1. 15. Auf aufenthalt in Meissen deutet
die erwähnung des klosters *Toberlû* (**55**, 35).

Die beziehung zu dem grafen von Katzenellenbogen
(**78**, 1. 9) setzt man gewöhnlich in die zeit nach der be-
lehnung Walthers, aber ohne zureichenden grund. Die art,
wie sich dieser um des grafen gunst bemüht, weist eher
auf eine zeit, wo er derselben noch recht bedürftig war.
Es ist daher auch nicht ganz sicher, dass Diether II. ge-
meint ist und nicht vielmehr etwa sein vorgänger
Diether I. Wann Walther den **77**, 1 erwähnten abstecher
nach Tegernsee gemacht hat, läßt sich nicht bestimmen.
Die beziehung zu dem herzog Ludwig von Baiern, die
man nach **70**ᵇ, 3 angenommen hat, ist höchst proble-
matisch.

Indem Walther das leben von Friedrich erhielt, über-
nahm er damit wohl, wenn auch nur stillschweigend, die
verpflichtung, fortan in dessen interesse tätig zu sein. Da-
zu war zunächst durch den beabsichtigten kreuzzug ver-
anlassung gegeben. Friedrich hatte bei seiner krönung zu
Aachen am 25. juli 1215 das kreuz genommen. Nach wie-
derholtem aufschub des termins brach er im august 1220
nach Italien auf, zunächst zur kaiserkrönung, die am
22. november durch papst Honorius vollzogen wurde. Der
kreuzzug sollte sich ursprünglich gleich daran anschliessen,
wurde aber weithin zu wiederholten malen aufgeschoben.
Wahrscheinlich kurz vorher, ehe Friedrich nach Italien
aufbrach, ist strophe **76**, 61 gedichtet gegen die gegner des
königs, durch die ihm mannigfache hemmnisse in den weg
gelegt wurden. Vielleicht wurde sie auf dem hoftage zu
Frankfurt im april 1220 vorgetragen. Erst nach der kai-
serkrönung sind **73**, 49 und 61 gedichtet. Wenigstens wer-
den sie mit größerer wahrscheinlichkeit auf Friedrich als
auf Otto bezogen. Auch **78**, 17 weist in die zeit des bevor-
stehenden kreuzzuges, ohne dass sich eine nähere bestim-
mung geben liesse.

Dass sich Walther während des kaīsers abwesenheit
in Italien eifrig um die politischen angelegenheiten küm-
merte, kann wohl aus **79, 9** gefolgert werden. Er pflegte
danach die hoftage zu besuchen. Vom kaiser wird er
geehrt durch übersendung eines geschenkes, welches all-
gemeinen neid erregt (**79,** 1). In einem nahen verhältnis
steht er zu erzbischof Engelbert von Köln, der von Fried-
rich vor seinem abgange als vormund seines sohnes Hein-
rich und leiter der regierung in Deutschland bestellt war[1]).
Die rücksichtslose gerechtigkeitspflege, durch welche der-
selbe die ordnung aufrecht erhielt, zog ihm viele feinde
zu. Diesen anfeindungen gegenüber preist ihn Walther in
strophe **79, 17**. Nach **79, 25** hat er von ihm einen schwie-
rigen auftrag erhalten, dem er sich bei aller kunst, über
die er verfügt, nicht gewachsen fühlt. Worin derselbe
bestand, ist nicht ersichtlich. Nach der ermordung Engel-
berts durch seinen neffen Friedrich von Altena-Isenburg
und dessen helfershelfer (7. november **1225**) widmet ihm
Walther einen nachruf mit starken verwünschungen des
mörders (**79, 33**).

Die letzten datierbaren dichtungen Walthers beschäf-
tigen sich wieder mit dem kreuzzuge. Als Friedrich im
jahre **1227** ernstliche anstalten zur sammlung eines kreuz-
heeres macht, unterstützt er ihn. Er ermahnt den land-
grafen Ludwig von Thüringen, der dem kaiser das heer
aus Deutschland zuführen sollte, zur eile (**79, 41**). Ludwig
zog am 24. juni von Eisenach aus und langte im juli bei
dem kaiser an. Der bann, den Gregor IX. am 29. sep-
tember über Friedrich aussprach, gab dem dichter von
neuem gelegenheit, im interesse des letzteren gegen die
kurie zu wirken. Er ermahnt ihn, den kreuzzug schleu-
nigst auszuführen und sich durch nichts irre machen zu
lassen *(***79, 57***)*, fordert die rache gottes heraus gegen die

---

[1]) A. Daffis in seiner schrift: Zur lebensgeschichte
Walthers von der Vogelweide (Berlin **1854**) hat die be-
hauptung aufgestellt, dass Walther dem erzbischof als er-
zieher des jungen Heinrich beigegeben gewesen sei, vgl.
anm. zu **84**. So viel beistimmung auch diese ansicht ge-
funden hat, so entbehrt sie doch jedes festen anhalts.

christlichen gegner Friedrichs, die ihn jetzt hindern wollen
dem heiligen lande zu hilfe zu kommen (**79, 49**), klagt
wieder wie früher über das verderben, welches der welt-
liche besitz über die kirche gebracht hat (**79, 65**), und
bedroht die geistlichkeit mit angriffen auf das kirchengut
(**79, 73**). Während in diesen gedichten mehr die politische
parteinahme in den vordergrund tritt, zeigen andere die
tiefe religiöse erregung Walthers, die ihm den kreuzzug
in dieser periode zur wichtigsten herzensangelegenheit
machte. Die religiös-weltschmerzliche stimmung, die auch
in anderen dichtungen Walthers aus seinen letzten lebens-
jahren wiederkehrt (vgl. die töne **91. 92. 93**), erscheint in
verbindung mit der kreuzzugsbegeisterung in den liedern
80 und **81**. Ein drittes lied (**82**) ist direkt zur anfeuerung
der pilger gedichtet, ein viertes (**83**) ist ausdruck der
freude bei der ankunft im heiligen lande. Trotzdem hat
Lachmann und andere nach ihm nicht zugeben wollen,
dass Walther an dem kreuzzuge teil genommen habe. Sie
halten alo die in dem letzten liede vorausgesetzte situation
für eine fingierte. So wenig aber eine solche fiktion durch-
aus undenkbar sein mag, so sind doch anderseits die
gründe, die man angibt, weshalb Walther den kreuzzug
nicht mitgemacht haben könne, nicht stichhaltig. Er wird
erst 1228 zusammen mit dem kaiser die fahrt angetreten
haben. Bei dem heere, welches im september 1227 hinüber
fuhr, kann er sich nicht befunden haben, da er nach der
bannung Friedrichs noch in Deutschland weilte.

Dass Walther den kreuzzug nicht lange überlebt hat,
ist wahrscheinlich. In eine spätere zeit weist keine sichere
spur mehr in seinen gedichten (vgl. zu **71, 27. 85**). Nach
angaben, die zwar der zeit seines todes schon einiger-
massen fern stehen, aber doch ziemlich glaubwürdig sind,
ist er zu Würzburg im kreuzgang des Neumünsters be-
graben[1]). In dem sogenannten manuale des Michael de

---

[1]) Vgl. zum folgenden Oberthür, Die minne- und
meistersinger auf Franken s. **30**; Reuss, Walther von der
Vogelweide, eine biographische skizze (Würzburg **1843**);
Pfeiffer Germ. **5, 10**; besonders Zarncke Beitr. **7, 582**.

Leone, weches im jahre 1354 in Würzburg zusammen-
gestellt ist, findet sich folgende notiz:

> De milite walthero. dicto von der vogelweide
> sepulto in ambitu novimon. h' b.' *(wohl aufzulösen*
> novimonasterii herbipolensis) in stfo epytafio sculpti
> erant isti versus subscribti.
>
> Pascua qui uolucrum . viuus walthere fuisti.
> Qui flos eloquij . qui Palladis os. obiisti.
> Ergo quod aureolam probitas tua possit (*l.* poscit) habere.
> Qui legit . hic . dicat . deus istius miserere.

Die gleiche notiz mit unwesentlichen abweichungen fin·
det sich in der großen sammelhandschrift des Michael de
Leone, die um die nämliche zeit entstanden ist. Dieselbe
handschrift enthält auch eine deutsche notiz: *Herr Wal-
ther von der vogelweide begraben ze Wirzeburg. zu dem
Nuwemunster in dem grasehove.* Spätere überlieferungen
sind ganz sagenhafter natur. In Würzburg existierte im
jahre 1323, wie urkundlich nachgewiesen ist, eine *curia
dicta zu der Vogelwaide.* Aber eine beziehung derselben
zu unserem dichter ist nicht erweislich.

2. Walthers stellung in der geschichte der deutschen lyrik.

Die deutsche kunstlyrik des 12. und 13. jahrhunderts
hat drei verschiedene ausgangspunkte. Drei verschiedene
richtungen gehen zunächst selbständig neben einander
her, jede durch einen besonderen stand vertreten. Die
geistlichen versuchen sich in nachbildungen der lateini-
schen hymnen und sequenzen. Die gewerbsmässigen sän-
ger, die spielleute, bilden eine wesentlich lehrhafte lyrik
aus. Moralische betrachtungen, vielfach an volkstümliche
sprichwörter angelehnt, mitunter in das gewand der fabel
oder parabel eingekleidet, bilden den hauptstoff ihrer dich-
tungen; daneben reflexionen über ihre persönlichen ver-
hältnisse und lob- und scheltlieder der grossen. Die ritter
endlich bilden eine den von Südfrankreich ausgegangenen
eigentümlichen idealen ihres standes entsprechende liebes-
lyrik aus. Sie lehnen sich dabei in form und inhalt zu-

nächst an die heimische lyrik des volkes an, weiterhin
aber an die kunstlyrik der Provenzalen und Nordfran-
zosen. Von diesen entlehnten sie wahrscheinlich auch die
gattung des kreuzliedes.

Als Walther zuerst auftrat, bestand noch ein scharfer
gegensatz zwischen ritterlicher und spielmännischer dich-
tung. Zu der verschiedenheit der stoffe waren allmählich
auch bedeutende formale verschiedenheiten hinzugekom-
men. Ein charakteristischer unterschied bestand auch da-
rin, dass für die didaktische lyrik der spielleute die früher
allgemein übliche einstrophigkeit der gedichte meist fest-
gehalten, für die minnelyrik der ritter mehrstrophigkeit
die regel geworden war. Simrock hat für die beiden gat-
tungen die bezeichnungen s p r u c h und l i e d eingeführt,
wobei ihm einstrophigkeit als wesentliches erkennungs-
zeichen für den ersteren, mehrstrophigkeit für das letztere
gilt. Der bequemlichkeit halber wollen wir uns auch die-
ser bezeichnungen bedienen, es muß aber bemerkt werden,
dass sie willkürlich gewählt sind und nicht der terminio-
logie der dichter selbst entsprechen, bei denen vielmehr
liet die bedeutung strophe hat. Und ferner darf man sich
nicht zu der ansicht verleiten lassen, dass der spruch im
Simrockschen sinne nur gesprochen, nicht gesungen sei.
Auch die behauptung, dass der spruch im gegensatz zum
liede ohne begleitung eines saiteninstrumentes vorgetra-
gen sei, ist aus der luft gegriffen.

Die stellung der ritterlichen dichter zum publikum
war eine ganz andere als die der spielleute. Der minne-
sang wurde ursprünglich nicht berufsmässig und für lohn
ausgeübt. Die meisten minnesänger, auch die des drei-
zehnten jahrhunderts, waren dilettanten, zum teil aus den
vornehmsten kreisen. Doch war man bereits vor Walther
auch zu einer berufsmässigen ausübung übergegangen.
Reinmar war in dieser wie in anderen beziehungen der
vorgänger Walthers. Es ist sehr wahrscheinlich, dass er
seine aufnahme an den österreichischen hof seiner lieder-
dichtung verdankte, also gewissermassen dafür besoldet
ward. Als folge einer solchen stellung dürfen wir eine
gewisse annäherung an die poesie der spielleute betrach-

ten. In die minnelieder mischen sich reflexionen über die
allgemeinen und des dichters persönliche angelegenheiten,
jedoch beschränkt auf die verhältnisse des höfischen ge-
sellschaftskreises, der das publikum des dichters bildet,
und seine stellung zu demselben.

Die bedeutung Walthers beruht nun zu einem guten
teile eben darauf, daß er die kluft zwischen ritterlicher
und spielmännischer dichtung überbrückt hat, indem er,
ausgehend von dem standpunkte, auf welchen Reinmar
die erstere gestellt hatte, auch das stoffgebiet und die for-
men der letzteren für sich erobert hat. Und da sich damit
auch stoffe und formen der geistlichen dichtung ver-
einigen, so fliessen in Walther überhaupt alle früher ge-
trennten richtungen der kunstlyrik zusammen. Sie bleiben
dabei auch nicht unvermittelt in seiner person nebenein-
ander stehen, sondern durchdringen sich gegenseitig. Da-
bei verwischen sich auch die grenzlinien zwischen lied
und spruch.

Walthers liederdichtung hat sich zuerst wahrschein-
lich ziemlich eng an die höfische kunstweise Reinmars
angeschlossen[1]). Es war das früher nicht die herrschende
ansicht. Vielmehr begegnete man gewöhnlich der ent-
gegengesetzten, daß Walther von einer volksmäßigen weise
ausgegangen sei. Die entscheidung über diese frage hängt
zusammen mit der über die frage nach den realen verhält-
nissen, die den minneliedern Walthers zu grunde liegen.
Den hauptanhaltspunkt dazu geben die lieder **12** und **16**.
Das erstere, an ein mädchen niederen standes gerichtet,
preist die liebe, die keine rücksicht auf rang und schön-
heit nimmt. Das letztere zeigt den dichter in begriff, sich

---

[1]) Diese Ansicht wird vertreten von Burdach in seinem
buche: Reinmar der alte und Walther von der Vogelweide
(Leipzig 1880 [² 1928]). Die eigentümliche art, wie der
verfasser den entwicklungsgang Walthers auffasst, ist sehr
beachtenswert, wenn dabei auch nicht selten über das ziel
hinausgeschossen ist. Vgl. dazu Paul Beitr. 8, 171; Bur-
dach ebenda s. 461; Paul ebenda s. 471; Burdach Afda 8,
370; Paul Beitr. 9, 147. [Vgl. auch Halbach, Walther von
der Vogelweide und die dichter von Minnesangs frühling
(Stuttgart 1927).] ²) Weiske Weimar. jahrb. 1, 357; Rieger,

einer vornehmen dame zu widmen. Hier wird die niedere minne, der er früher gehuldigt, verworfen und die hohe als das wahre ideal hingestellt. Man hat danach versucht, die gesamten minnelieder Walthers auf diese beiden verhältnisse zu beziehen und sie in zwei gruppen zu verteilen, eine ältere, lieder der niederen, und eine jüngere, lieder der hohen minne[2]). Andere lassen auf das zweite verhältnis noch ein drittes folgen[3]). Uns scheint es ein vergebliches beginnen, die zahl der minneverhältnisse Walthers zu bestimmen oder gar die lieder unter die einzelnen verhältnisse zu verteilen. Da Walther den minnesang berufsmässig und bis in seine späten lebensjahre hinein betrieb, so ist es überhaupt zweifelhaft, ob allen seinen liedern reale verhältnisse zu grunde liegen. An der tatsache, dass Walther einmal in seinem leben von der niederen minne zur hohen überging, ist allerdings nicht zu rütteln. Aber daraus folgt weder, dass das neue verhältnis das letzte, noch, dass das frühere verhältnis das erste gewesen ist, das Walther in seinen liedern besungen hat. Es steht nichts im wege anzunehmen, dass der niederen minne schon ein verhältnis zu einer adeligen dame vorangegangen ist, in das Walther nach der herrschenden ritterlichen sitte, vielleicht ohne tiefere neigung, vielleicht nur um einen gegenstand für seine poesie zu haben, getreten sein mag. Wir können diese annahme nicht gut entbehren, weil es nach dem ganzen charakter der wenigen lieder Walthers, die auf niedere minne deuten und ein volkstümlicheres gepräge tragen, nicht denkbar ist, dass diese seine ersten versuche sein sollten.

Wir betrachten demnach diejenigen lieder Walthers als die ältesten, welche sich am wenigsten von der manier Reinmars entfernen. Der in der schule des letzteren gewonnene grundcharakter bleibt zwar auch den meisten späteren minneliedern, wird aber durch anderweitige ein-

---

Leben Walthers s. 57; Wackernagel und Rieger in ihrer ausgabe, [3]) Wilmanns, der einen österreichischen und einen thüringischen minnedienst unterscheidet; Simrock, der auf die hohe eine gemässe minne folgen lässt.

flüsse und durch die eigene originale schöpfungskraft wesent-
lich modifiziert, und manches tritt ganz aus dem rahmen der
älteren ritterlichen kunstdichtung heraus. Von höfischen
dichtern, die wesentlich anderer natur waren als Reinmar,
haben Heinrich von Morungen[1]) und Wolfram von
Eschenbach einigen einfluss auf ihn gehabt. Wie mit dem
letzteren am thüringischen hofe, so mag er vielleicht mit
dem ersteren am meissnischen in persönliche berührung
gekommen sein. Einfluss der lyrik des volkes[2]) zeigt
sich besonders in **13. 14. 40. 54.** Bedeutender noch wird
die wirkung gewesen sein, welche die beschäftigung mit
der spruchdichtung, wie er sie in der schule der spiel-
leute erlernt hatte, auf seinen minnesang gehabt hat. Be-
trachtungen über die zustände in der höfischen gesell-
schaft drängen sich bei Walther viel mehr in den vorder-
grund als bei Reinmar.

In der spruchdichtung hat Walther das ganze bis
dahin bearbeitete gebiet umspannt. Er hat insbesondere
eine gattung, wozu vor ihm wahrscheinlich nur erst
schwache ansätze gemacht waren, die politische dichtung,
in grossartigster und nach ihm nicht wieder erreichter
weise ausgebildet. Wir dürfen Walthers politische
sprüche nicht als blosse äusserungen seiner privatmeinung
betrachten. Sie haben vielmehr einen gewissen offiziellen
charakter, vertreten das interesse und den standpunkt
eines fürsten oder einer politischen partei, sind vielleicht
von daher ihrem inhalte nach geradezu eingegeben. Sie
spielen in den politischen kämpfen der zeit eine ähnliche
rolle wie heutzutage die leitartikel der parteizeitungen.
Für die gewalt, mit der sie wirkten, gibt uns der aus-
spruch eines gegners das beste zeugnis, vgl. zu **75, 51.**

Des religiösen elementes hatten sich die spielleute
nach dem muster der geistlichen schon vor Walther be-
mächtigt, die ritter wenigstens in der gattung der kreuz-
lieder. Indessen lässt sich wohl behaupten, dass Walther

---

[1]) Vgl. Werner Afda 7, **125**, wo aber auch manches
ungehörige beigebracht wird. [2]) Dieser einfluss wird be-
sonders von Burdach betont und jedenfalls zu hoch an-
geschlagen.

neben Wolfram von Eschenbach epochemachend für die ausbreitung der religiösen dichtung unter dem laienstande geworden ist. Wir würden in seinen dichtungen nicht das universelle bild der mittelalterlichen anschauungen haben, wie es uns jetzt vorliegt, wenn nicht auch diese seite darin reichlich vertreten wäre. Während aber bei Wolfram religion und weltleben sich friedfertig miteinander vertragen, erscheint bei Walther der gegensatz beider, wie er für mittelalterliches leben und mittelalterliche dichtung so charakteristisch ist, in seiner ganzen schroffheit. Sie liegen mehr nach- als nebeneinander. Auf unbefangene, sorglose hingebung an die freude der welt folgt allmähliche abkehrung unter erschütternden seelenkämpfen [1]).

Es kann hier nicht unsere aufgabe sein, eine vollständige charakteristik von Walthers eigenart und den mitteln seiner darstellung zu entwerfen [2]). Ich hebe nur als besonders charakteristische momente hervor die neigung zum humor, die sinnliche kraft des ausdrucks, die vorliebe für personifikation und allegorie, die geistreiche zuspitzung der gedanken, die meisterhafte beherrschung der metrischen form.

---

[1]) Kaum noch erwähnt zu werden braucht die annahme von W. Grimm, dass Wather auch der verfaser der unter dem namen Freidanks überlieferten Bescheidenheit sei. Vgl. dagegen Pfeiffer, Zur deutschen litteraturgesch. s. 37 (wieder abgedruckt in Freie forschung s. 163) [und Hildebrandt Zfda 34, 6]. [2]) Die schrift von Wigand, Der stil Walthers von der Vogelweide (Marburg 1879) genügt nicht den an eine solche arbeit zu stellenden forderungen. Über mehrere punkte handelt Burdach, Reinmar und Walther. Einen ausführlichen abschnitt über Walthers stil enthält die zweite ausgabe von Wilmanns, die dann in die durch V. Michels veröffentlichte neubearbeitung von Walthers leben übergegangen ist. Vgl. noch E. Hamann, Der humor Walthers von der Vogelweide (diss. Rostock 1889); H. Wood, *Unconventional uses of natural imagery in the poems of Walther von der Vogelweide* American Journ. of philol. 11, 200; E. Gärtner, Die epitheta bei Walther von der Vogelweide (diss. Kiel 1911).

Welche anerkennung Walther bei seinen zeitgenossen fand, zeigt eine stelle im Tristan Gottfrieds von Strassburg. Dieser kommt auf die minnesinger zu sprechen, die er als nachtigallen bezeichnet, und wirft die frage auf, wer ihre anführerin sein soll, seitdem die von Hagenau verstummt ist. Er fährt dann fort (4796):

> wer leitet nû die lieben schar?
> wer wiset diz gesinde?
> ich wæne, ich si wol vinde,
> diu die baniere vüeren sol:
> ir meisterinne kan ez wol,
> diu von der Vogelweide.
> hî wie diu über heide
> mit hôher stimme schellet!
> waz wunders si stellet!
> wie spæhe si organieret!
> wie si ir sanc wandelieret:
> ich meine aber in dem dône
> dâ her von Zitherône,
> dâ diu gotinne Minne
> gebiutet ûf und inne.
> diust dâ ze hove kamerærîn:
> diu sol ir leitærinne sîn.
> diu wîset si ze wunsche wol.
> diu weiz wol, wâ si suochen sol
> der minnen melodîe.

Walther wird also hier als der erste lebende sänger hingestellt, wiewohl ausschliesslich auf seinen minnesang rücksicht genommen wird. Walthers schüler, Ulrich von Singenberg, hat ihm folgenden nachruf gewidmet [24, 33 Bartsch]:

> Uns ist unsers sanges meister an die vart,
> den man ê von der Vogelweide nande,
> Diu uns nâch im allen ist vil unverspart.
> waz vrumt nû swaz er ê der welte erkande?
> Sîn hôher sin ist worden kranc.
> nû wünschen ime dur sînen werden höveschen sanc,
> sît dem sin vreude sî ze wege,
> daz sîn der süeze vater nâch genâden phlege.

Mit andern verstorbenen dichtern zusammen wird er gepriesen von dem Marner und von Reinmar von Brennenberg, die ihn ausdrücklich als ihren meister bezeichnen, von Rubin, Hermann dem Damen, Hugo von Trimberg *(her Walther von der Vogelweide, swer des vergœze, der tœte mir leide)* [1]). Frauenlob nennt ihn mit Reinmar und Wolfram. Er gehört nach der sage zu den sängern, die am Wartburgkrieg teilnehmen. Sein name lebt in der tradition der meistersinger fort. Zahlreich sind die nachahmungen seiner gedichte und entlehnungen aus denselben bei den lyrischen und didaktischen dichtern des dreizehnten jahrhunderts. Die von ihm hergestellte vermittlung zwischen ritterdichtung und spielmannsdichtung ist von bleibender wirkung gewesen. Es folgt auf ihn eine anzahl ritterlicher dichter, die sich mit spruchdichtung befassen, und eine noch grössere zahl bürgerlicher dichter, die neben dem spruch den minnesang pflegen.

3. Die überlieferung und kritische behandlung der gedichte Walthers.

Die lieder Walthers [2]) sind wie die der übrigen minnesinger in der regel zuerst einzeln oder in kleinen gruppen von gleicher strophenform und melodie [3]) verbreitet, einerseits durch mündliche überlieferung, anderseits durch aufzeichnung auf einzelne blätter, die neben dem text auch die melodie zu enthalten pflegten. Es haben sich dann sammler gefunden, welche eine anzahl von liedern teils des gleichen, teils verschiedener verfasser in ein liederbuch vereinigten. Aus diesen liederbüchern endlich sind gegen ende des dreizehnten und im vierzehnten jahrhundert größere sammlungen entstanden. Von diesen sind uns mehrere erhalten, während die einzelaufzeichnungen und die kleineren liederbücher verloren gegangen sind, und sind nun die hauptquellen für unsere kenntnis Walthers wie der übrigen minnesinger. Die drei wichtigsten

---

[1]) [Renner 1187.] Vgl. von der Hagen, Minnesänger 4, 184. 871. [2]) Vgl. zum folgenden Wilmanns Zfda 13, 217. [3]) Die mittelhochdeutsche bezeichnung dafür ist *dôn* oder *wise*.

sind die heidelberger handschrift nr. 357 (A nach Lach-
manns bezeichnung), die weingartener, jetzt stuttgarter
(B), die heidelberger, früher pariser, auch als Manessische
bezeichnet, die umfänglichste unter allen (C). In gerin-
gerem Masse kommt in betracht die weimarer hand-
schrift (F) und in noch geringerem die heidelberger
nr. 350 (D). Eine sehr reichhaltige zusammenstellung
Waltherscher lieder enthält ferner eine grosse sammel-
handschrift, die sich nicht bloss auf lieder beschränkt,
nämlich die schon oben erwähnte würzburger (jetzt mün-
chener) handschrift des Michael de Leone (E). Ausser-
dem sind eine anzahl lieder hie und da zerstreut über-
liefert. Ich verweise dafür auf das vollständige verzeich-
nis in Lachmanns ausgabe [1]).

Bei solcher art der überlieferung musste die reinheit
und vollständigkeit des textes erheblich leiden. Daß wir

---

[1]) Eine bereicherung des handschriftlichen materials
brachten: wolfenbütteler bruchstücke der gedichte Walthers
von der Vogelweide, aufgefunden von G. Milchsack, zum
druck befördert von F. Zarncke (Ber. der sächs. gesellsch.
der wiss., phil.-hist. klasse 1883), mit U [U *] bezeichnet;
O. v. Heinemann Zfda 32, 87 [und Kraus ebenda 59, 323],
mit W [W *] bezeichnet. Dazu kommt ein pergament-
doppelblatt, das wir mit Z bezeichnen, veröffentlicht von
Jostes Zfda 53, 348 [und Plenio Beitr. 42, 491]. Es enthält
nr. 83, eine anzahl strophen des tones 76 (106) und den
anfang von 70 b. Der ertrag für die textkritik ist nicht er-
heblich. Wichtiger sind vielleicht die beigefügten melo-
dien, deren wert aber verschieden beurteilt wird: vgl. R.
Molitor Sammelb. der internat. musikges. 12, 475; R. Wust-
mann ebenda 13, 247; R. Molitor ebenda s. 506 [und weiter
Spanke Afda 60, 110 und Gennrich Zfda 79, 24]. Ferner
enthält ein aus Heiligenstadt stammendes 'pergamentblatt,
das von Degering Zfda 53, 337 veröffentlicht ist und das
wir mit W ** bezeichnen, ausser dem bruchstück eines
sonst unbekannten spruches 76, 31, 76, 1 und den anfang
von 76, 71. Die W ** und Z gemeinsame strophe zeigt
starke übereinstimmung in den lesarten. [Weitere strophen
und bruchstücke aus einer münchener (G) und einer ber-
liner handschrift (O) hat Kraus veröffentlicht in den Ger-
manica für Sievers s. 504 und Zfda 70, 81.]

manchen verlust zu beklagen haben, macht schon der um-
stand wahrscheinlich, daß unter den wenigen auf uns ge-
kommenen zitierungen Waltherscher gedichte eine ein
verlorenes lied trifft (Parz. 297, 24, vgl. oben s. XX).
Unter den überlieferten liedern sind mehrere fragmen-
tarisch, vgl. namentlich 41. 53, 25. 105. [113. 114.] Wenn
Walther von manchen diensten spricht, die er dem Meiss-
ner erwiesen habe (74, 15), so wird man daraus zu schlie-
ssen haben, dass er noch andere sprüche in dessen inter-
esse gedichtet hat als 73, 1. Ferner aber konnte manches
von seinem eigentum auf fremden namen und umgekehrt
manches fremde auf den seinigen übertragen werden. So
gibt es eine nicht ganz kleine zahl von strophen, um
deren verfasserschaft sich nach den verschiedenen über-
lieferungen mit dem namen Walthers der eines anderen
dichters streitet. So der name Reinmars: 102. 103, Hart-
manns von Aue: 3, Leutolds von Seven: 25, 28, 41, Ulrichs
von Singenberg: 106, 51. Weitere fälle der art sind von
Lachmann in der einleitung zu seiner ausgabe s. XI an-
gegeben. Andere strophen sind zwar nur unter Walthers
namen, aber auch nur in einer einzigen handschrift über-
liefert, und auch bei diesen fehlt eine ausreichende äußere
beglaubigung für ihre echtheit. Trotz anwedung aller
hilfsmittel der Kritik ist nicht immer eine sichere ent-
scheidung zu treffen, und es bleibt eine beträchtliche
masse von strophen, die mit voller bestimmtheit dem
dichter weder zu- noch abgesprochen werden können,
wenn auch die wahrscheinlichkeit der echtheit oder un-
echtheit eine mannigfach abgestufte ist Wie wir uns in
dieser hinsicht vielfach bescheiden müssen, so sind wir auch
nicht im stande, den text durchgängig von den mannig-
fachen verderbungen zu reinigen, denen derselbe im laufe
der zeit ausgesetzt gewesen ist, und ihn in seiner ur-
sprünglichen gestalt wiederherzustellen. Wo uns nicht
wenigstens mehrere von einander unabhängige überliefe-
rungen vorliegen, bewegen wir uns auf einem sehr un-
sicheren boden. Besondere schwierigkeiten macht es auch,
die ursprüngliche reihenfolge der strophen herzustellen,
indem die handschriften mitunter sehr von einander ab-

weichen [1]). Es hängt das damit zusammen, dass der ge-
dankenzusammenhang zwischen den strophen oft nur ein
loser ist, so dass auch eine sichere entscheidung über zu-
sammengehörigkeit oder nichtzusammengehörigkeit nicht
immer möglich ist.

In der neuzeit ist, von einigen früheren flüchtigen er-
wähnungen abgesehen, Bodmer der erste gewesen, der die
gedichte Walthers wieder aus der vergessenheit hervor-
gezogen hat. In seinen 1748 erschienenen Proben der
alten schwäbischen poesie wurden auch gedichte Walthers
mitgeteilt, und in seiner 1758/9 erschienenen Sammlung
von minnesingern der ganze inhalt der pariser liederhand-
schrift. Nachdem dann Gleim (1773. 1779) und einige mit-
glieder des hainbundes, später Tieck (1803) sich in der
erneuerung mehrerer lieder Walthers versucht hatten [vgl.
darüber Sokolowsky, Der altdeutsche minnesang im zeit-
alter der deutschen klassiker und romantiker (Dortmund
1906)] und Uhlands schrift über ihn (1822) ein anschau-
liches bild geliefert hatte, erschien im jahre 1827 die erste
kritische ausgabe von K. Lachmann, die grundlage für
alle späteren ausgaben und noch immer die einzige, die
den vollständigen kritischen apparat bietet. Die zweite
ausgabe (1843) hat im text wenige veränderungen erfah-
ren, mehr in den anmerkungen, namentlich zusätze. Die
dritte (1853) und vierte (1864), die von Haupt besorgt
sind, und die fünfte (1875), die von Müllenhoff besorgt
ist, lassen Lachmanns arbeit unangetastet, geben aber
einige wertvolle zusätze und berichtigungen, die sechste
(1891) ist unverändert. In der siebenten, besorgt von Carl
von Kraus (1907), sind die varianten einer durchgängigen
revision unterzogen, einige druckfehler im text berichtigt
und auf grund des neuen materiales auch einige änderun-
gen im texte vorgenommen. [Eine durchgreifende erneue-
rung mit vielen ergänzungen gab er in der zehnten (1936);
dazu die rezensionen von Schneider Afda 55, 130 und Hal-
bach Zfdph 63, 210.] Ausserdem sind bis jetzt folgende
ausgaben erschienen: von von der Hagen in seinen Min-

---

[1]) Darüber handelt Wilmanns Zfda 13, 229.

nesingern (Leipzig 1838) 1, 222; von Wackernagel und
Rieger (Giessen 1862); von Pfeiffer (Leipzig 1864, siebente
auflage, besorgt von Herm. Michel 1911) mit erläutern-
dem kommentar für weitere kreise; von Wilmanns (Halle
1869) mit kommentar für studierende, zweite vollständig
umgearbeitete ausgabe (1883), dritte ausgabe (1912)
[vierte vollständig umgearbeitete ausgabe, besorgt von V.
Michels (1924)], textausgabe (Halle 1886, zweite ausgabe
(1905); von Simrock (Bonn 1870) mit einleitenden vor-
bemerkungen und einigen erläuterungen; von Bartsch
(Leipzig 1875. ³ 1906), schulausgabe mit wörterbuch; von
Pfaff in Kürschners Nationalliteratur 8, 2 ². Von aus-
wahlen sind zu nennen: Bartsch, Deutsche liederdich-
ter des zwölften bis vierzehnten jahrhunderts (Leipzig
1864, zweite auflage, Stuttgart 1879, dritte 1894, vierte,
Berlin 1901 nr. XXI); Bechstein, Walthers von der Vogel-
weide und seiner schüler ausgewählte gedichte (Stuttgart
1897. ² 1893). An Lachmanns ausgabe schliesst sich an
das Glossarium zu den gedichten Walthers von der Vogel-
weide von Hornig (Quedlinburg 1844). Eine vollständige
übersetzung hat zuerst Simrock geliefert (Berlin 1833,
siebente ausgabe Leipzig 1883, durchgesehen von Morgen-
stern, Berlin 1906). Die erste auflage enthält wertvolle
erläuterungen von Wackernagel, die später nicht wieder
abgedruckt sind. Andere übersetzungen sind die von Koch
(1848), Weiske (1852), Pannier (1876), Schroeter (1881),
Samhaber (1882), Kleber (1894), Koppmann (1893), Zooz-
mann (1907), [Nussberger (1913), Hauser (1925), Bulst
(1926)]. Eine gut lesbare auswahl bietet Eigenbrodt
(Halle 1898) ¹).

[Die abhandlungen, die sich mit kritik und erklärung
der gedichte Walthers beschäftigen, sind, abgesehen von
den anmerkungen in der 1924 abgeschlossenen ausgabe
von Wilmanns-Michels, soweit sie bis 1935 erschienen
sind, von wertlosem abgesehen, in den oben s. IX anm. 1

[¹) Vgl. Agnes Vogel, Die gedichte Walthers von der
Vogelweide in nhd. form, ein beitrag zur geschichte und
technik der deutschen übersetzungskunst (Giessen 1922).]

angeführten untersuchungen von Kraus besprochen und
verwertet worden. Seitdem sind noch folgende arbeiten
hinzugekommen: Lachenmaier Zfdph 60, 1; Burdach
ebenda s. 313; Schneider Zfda 73, 165; Götze Beitr. 61,
185; Helm ebenda 62, 158; Brinkmann ebenda 63, 346;
Meissner ebenda s. 398; Halbach Zfdph 65, 142; Frings
Beitr. 67, 240. Die geistvollste moderne würdigung der
persönlichkeit Walthers gibt Schneider, Heldend. geist-
lichend. ritterd. ² s. 459. 514.]. Auf anderes wird in den
anmerkungen verwiesen. Über die nachwirkung Walthers
handelt Hugo Roesing, Die nachwirkung Walthers von
der Vogelweide auf die lyrische und didaktische poesie
des mittelalters (diss. Strassburg 1911). [Vgl. auch Gerst-
meyer, Walther von der Vogelweide im wandel der jahr-
hunderte (Breslau 1934).]

Eine orientierung über die bis dahin erschienene be-
reits ziemlich beträchtliche literatur gibt die schrift von
Leo, Die gesamte literatur Walthers von der Vogelweide
(Wien 1880). [Für die jahre 1920—30 vgl. Kraus, Die
Waltherforschung des letzten jahrzehnts, Zeitschr. für
bair. bildungswesen 4, 257. Eine reiche bibliographie gibt
auch Ehrismann, Gesch. der deutschen lit. bis zum ausg.
des mittelalters 2, 2, 244.]

Es erübrigt noch die grundsätze darzulegen, die bei
der anordnung der gedichte in unserer ausgabe befolgt
sind. Ich habe wie die handschriften und die bisherigen
ausgaben die strophen des gleichen tones beieinander ge-
lassen. Dadurch ist eine konsequente anordnung nach
sachlichen gesichtspunkten von selbst ausgeschlossen. Doch
ist eine solche soweit angestrebt, als sie nicht durch die
ordnung nach tönen und durch die natur der gedichte
selbst unmöglich gemacht wird. Ich habe zunächst die
ganze masse unter zwei hauptabteilungen gebracht, welche
den stoffen nach einigermaßen dem früheren gegensatz
zwischen ritterlicher und spielmännischer dichtung ent-
sprechen. Die erste umfasst die minnelieder, die natur-
lieder und diejenigen lieder, die sich mit den verhältnissen
der höfischen geselligkeit beschäftigen. Voran stehen die
reinen minnelieder, und zwar kommen zuerst diejenigen,

die ihrem charakter nach den Reinmarischen am nächsten
verwandt sind, dann die auf niedere minne, dann die
übrigen auf hohe minne bezüglichen. Es folgen dann die-
jenigen töne, in denen der minnesang mit reflexionen über
die gesellschaftlichen verhältnisse untermischt ist; endlich
diejenigen, die gar keine beziehung auf ein minneverhält-
nis enthalten. Die zweite hauptabteilung umfasst die ge-
dichte, die sich mit moral, religion, politik und persön-
lichen angelegenheiten des dichters beschäftigen, sämtliche
sprüche im Simrockschen sinne, aber auch eine anzahl lie-
der und den leich. Hier stehen diejenigen töne voran, in
denen sich strophen finden, die mit einiger sicherheit da-
tierbar sind, und zwar in der reihenfolge, wie die vermut-
lich ältesten datierbaren strophen der einzelnen töne chro-
nologisch auf einander folgen. Ebenso sind dann innerhalb
jedes tones die datierbaren strophen vorangestellt, soweit
wie möglich in chronologischer folge. Hoffentlich wird
man diese weise der anordnung einigermaßen rationell
finden.

1 (L. 91 17).

Junger man, wis hôhes muotes
  durch diu reinen wol gemuoten wîp,
Vreuwe dich lîbes unde guotes,
unde wirde dînen jungen lîp:
Ganzer vreude hâstû niht,   5
sô man die werdekeit von wîbe an dir niht siht.

    Er hât rehter vreude kleine,
der si von guoten wîben niht ennimt,
Offenbâre, stille und eine,
und als ez der mâze danne zimt.   10
Dar an gedenke, junger man,
und wirp nâch herzeliebe: dâ gewinnest an.

    Ob dûs danne niht erwirbest,
dû muost doch iemer deste tiurre sîn.
Dazt an vreuden niht verdirbest,   15
daz kumt allez von der vrouwen dîn.
Dû wirst alsô wol gemuot,
daz dû den andern wol behagest, swie si dir tuot.

    Ist aber daz dir wol gelinget,
sô daz ein guot wîp dîn genâde hât,   20
Hei waz dir danne vreuden bringet,
sô si sunder wer vor dir gestât,
92 Halsen, triuten, bî gelegen.
von solher herzeliebe muostû vreuden phlegen.

    Sich, nû habe ich dich gelêret   25
des ich selbe leider nie gephlac.

---

1. Die echtheit dieses und des folgenden liedes, die
beide nur in C überliefert sind, ist mehrfach angezweifelt.
Doch wird ihr geringer poetischer wert eher daraus zu er-
klären sein, dass sie zu den ersten versuchen Walthers
gehören.

Ungelücke mir verkêret
daz ein sælic man volenden mac.
Doch tuot mir der gedinge wol
der wîle, den ich hân, deichz noch erwerben sol. 30

2 (L. 112 35).

Vrouwe, vernemt durch got von mir diz mære:
ich bin ein botę und sol iu sagen,
113 Ir sült wenden einem ritter swære,
der si lange hât getragen.
Daz sol ich iu künden sô: 5
ob ir in welt vreuden rîchen,
sicherlîchen
des wirt manic herze vrô.
 Vrouwę, enlât iuch des sô niht verdriezen,
ir engebet im hôhen muot   10
Des muget ir und alle wol geniezen,
den ouch vreude sanfte tuot.
Dâ von wirt sîn sin bereit,
ob ir in ze vreuden bringet,
daz er singet   15
iuwer êrę und werdekeit.
 Vrouwe, sendet im ein hôchgemüete,
sît an iu sîn vreude stât.
Er mac wol geniezen iuwer güete,
sît diu tugent und êre hât.   20
Vrouwe, gebet im hôhen muot.
welt ir, sîn trûren ist verkêret,
daz in lêret
daz er daz beste gerne tuot.
 'Jâ möhtę ich michs an in niht wol gelâzen, 25
daz er wol behüete sich.
Krumbe wege die gênt bî allen strâzen:
dâ vor, got, behüete mich.
Ich wil nâch dem rehten varn,
ze leidę im der mich anders lêre.   30
swar ich kêre,
dâ müeze mich doch got bewarn.'

3 (1—16 = MF **214** 34. 17—24, 33—40 = L. s. **217**.
                25—32 = L. **120** 16).

Dir hât enboten, vrouwe guot,
sîn dienest der dir es wol gan,
Ein ritter, der vil gerne tuot
daz beste daz sîn herze kan.
Der wil durch dînen willen disen sumer sîn   5
215 vil hôhes muotes verre ûf die genâde dîn.
  daz soltû minneclîche emphân,   daz ich mit guoten
sô bin ich willekomen dar.   [mæren var:
  'Dû solt im, bote, mîn dienest sagen:
swaz ime ze liebe müge geschehen,   10
Daz möhte nieman baz behagen,
der in sô selten habe gesehen.
Und bite in daz er wende sînen stolzen lip
dâ man im lône: ich bin im ein vil vremdez wîp
zemphâhen sus getâne rede.   swes er ouch anders
                                  danne gert, 15
daz tuon ich, wan des ist er wert.'
  Mîn êrste rede die si ie vernam,
die emphienc si deiz mich dûhte guot,
Unz si mich nâhen zir gewan;
zehant bestuont sî ein ander muot.   20
Swie gerne ich wolte, ich enmac von ir niht komen:
diu grôze liebe hât sô vaste zuo genomen,
daz si mich niht enlâzet vrî: ich muoz ir eigen iemer
nû enruoche, est doch der wille mîn.   [sîn.
  Sît deich ir eigenlîchen sol,   25
die wîle ich lebe, sîn undertân,
Und si mir mac gebüezen wol
den kumber den ich durch si hân
Geliten nû lange und iemer alsô lîden muoz,
daz mich enmac getrœsten nieman, si entuoz,   30

---

3. Die fünf strophen dieses tones sind in E unter Wal-
thers namen überliefert, die vierte auch in s, die fünfte
auch in C. Die drei ersten stehen in AC unter Hartmann
von Aue. Über die gründe für Walthers autorschaft vgl.
Beitr. **2, 173**. Auf **3 25** bezieht sich **47 21**.

sô sol si nemen den dienest mîn,   und ouch bewarn
daz sị an mir niht versûme sich.   [dar under mich
Swer giht daz minne sünde sî,
der sol sich ê bedenken wol.
Ir wont vil manic êre bî,   35
der man durch reht geniezen sol,
Und volget michel stætẹ und dar zuo sælikeit:
daz iemer ieman missetuot, daz ist ir leit.
die valschen minne meinẹ ich niht,   diu möhtẹ un-
                                minne heizen baz:
der wil ich iemer sîn gehaz.   40

4 (L. 113 31).

'Mir tuot einer slahte wille
sanftẹ, und ist mir doch dar under wê
Ich minnẹ einen ritter stille:
dem enmac ich niht versagen mê
Des er mich gebeten hât: 5
entuon ichs niht, mich dunket daz mîn niemer werde rât.
    Dicke dunkẹ ich mich sô stæte
mînes willen, sô mir daz geschiht,
114 Swie vil er mich denne bæte,
al die wîle daz enhulfe niht.   10
Iezuo hân ich den gedanc:
waz hilfet daz? der muot enwert niht eines tages lanc.
Woldẹ er mich vermîden mêre!
jâ versuochet er mich alze vil.
Ouwê des vürhtẹ ich vil sêre,   15
daz ich müeze volgen swes er wil.
Gerne hetẹ ichz nû getân,
wan deichz im muoz versagen und wîbes êre sol begân.
    Ich engetar vor tûsent sorgen,
die mich tougen in dem herzen mîn   20
twingent âbent unde morgen,
leider niht getuon den willen sîn.
Daz ichz iemer einen tac
sol vristen, deist ein klage diu mir ie bî dem herzen lac.

[4. Vgl. Kraus Zfda. 70, 104.]

Sit daz im die besten jâhen   25
daz er alsô schône künne leben,
Sô hân ich im mir vil nâhen
inme herzen eine stat gegeben,
Dâ noch nieman in getrat.
si hânt daz spil verlorn, er eine tuot in allen mat.'   30

5 (L. 71 35).

Mich hât ein wünneclîcher wân
und ouch ein lieber vriundes trôst
in senelîchen kumber brâht:
72 Sol der mit vreude an mir zergân,   5
sô enwirdę ichs anders niht erlôst,
ez enkomę al ich mirz hân gedâht
Umbę ir vil minneclîchen lîp,
diu mir envremdet alliu wîp,
wan daz ich sị durch si êren muoz.
jô enger ich anders lônes niht   von ir dekeiner, wan
  'Mit valschelôser güete lebet   [ir gruoz.   10
ein man der mir wol iemer mac
gebieten swaz er êre wil.
Sîn stæte mir mit vreude gebet,
wan ich ouch sîn vil schône phlac: 15
daz kumt von grôzer liebe vil.
Mir ist an ime, des muoz ich jehen,
ein schœnez wîbes heil geschehen.
diu sælde wirt uns beiden schîn.
sîn tugent hât ime die besten stat   erworben in dem
  Die mîne vreude hât ein wîp   [herzen mîn.'   20
gemachet ştætę und mich erlôst
von schulden al die wilę ich lebe.
Genâde suochę ich an ịr lîp:
emphâhę ich wünneclîchen trôst,   25
der mac wol heizen vriundes gebe.
Ein mannes heil mir dâ geschach,
dâ si mit rehten triuwen sprach,
ich müesę ir herzen nâhe sîn.
sus darf es nieman wunder nemen,   ob âne sorge lebet
                                    daz mîn.   30

6 (L. 95 17).

Waz ich doch gegen der schœnen zît
gedinges unde wânes hân verlorn!
Swaz kumbers an dem winter lît,
den wânde ich ie des sumers hân verborn.
Sus sazte ich allez bezzerunge vür: 5
swie vil ich trôste ie verlür,
sô hâte ich doch ze vreuden wân.
dar under misselanc mir ie:
ich envant sô stæte vreude nie,
si enwolte mich ê ich si lân.   10

   Muoz ich nû sîn nâch wâne vrô,
sô enheize ich niht ze rehte ein sælic man.
Dem ez sîn sælde vüeget sô
daz im sîn herzeliep wol guotes gan,
Hât ouch der selbe vreuderîchen sin,   15
des ich nû leider âne bin,
sô enspotte er niht dar umbe mîn,
ob im sîn liep iht liebes tuot:
ich wære ouch gerne hôchgemuot,
möhte ez mit liebes hulden sîn.   20

   Er sælic man, si sælic wîp,
der herze ein ander sint mit triuwen bî!
96 Ich wil daz daz ir beider lîp
getiuret und in hôher wirde sî.
Vil sælic sîn ir jâr und al ir zît!   25
er ist ouch sælic sunder strît,
der nimt ir tugende rehte war,
sô daz ez in sîn herze gêt.
ein sælic wîp, diu sich verstêt,
diu sende ouch guoten willen dar.   30

   Sich wænet maneger wol begên
sô daz er guoten wîben niht enlebe:
Der tôre kan sich niht verstên
waz ez vreude und ganzer wirde gebe.
Dem lîhtgemuoten dem ist iemer wol   35
mit lîhten dingen, als ez sol:
swer wirde und vreude erwerben wil,
der diene guotes wîbes gruoz.

swen si mit willen grüezen muoz,
der hât mit vreuden wirde vil.   40
    Jâ herre, wes gedenket der
dem ungedienet ie vil wol gelanc?
Ez sî ein si, ez sî ein er,
swer alsô minnen kan, der habe undanc.
Und dâ bî guoten dienest übersiht.   45
ein sælic wîp diu tuot des niht:
diu merket guotes mannes site:
dâ scheidet si die bœsen von.
sô ist ein tumbiu sô gewon
daz ir ein tumber volget mite.   50

7 (L. 96 29).

Stæte ist ein angest und ein nôt:
ich enweiz niht ob si êre sî:
si gît michel ungemach.
Sît daz diu liebe mir gebôt
daz ich stæte wære bî,   5
waz mir leides sît geschach!
Lât mich ledic, liebe mîn vrô Stæte.
wan ob ich sis iemer bæte,
sô ist si stæter vil dan ich,
ich muoz von mîner stæte verlorn,   diu liebe
               enunderwinde ir sich. 10
97 Wer sol dem des wizzen danc,
dem von stæte liep geschiht,
nimt der stæte gerne war?
Dem an stæte nie gelanc,
ob man den in stæte siht,   15
seht, des stæte ist lûter gar.
Alsô habe ich stæte her gerungen:
noch enist mir leider niht gelungen.
daz wende, sælic vrouwe mîn,
daz ich der valschen ungetriuwen spot   von mîner
               stæte iht müeze sîn. 20
    Hete ich niht mîner vreuden teil
an dich, herzeliep, geleit,
sô möhte es wol werden rât:

Sît nû mîn vreude̜ und al mîn heil,
dar zuo al mîn werdekeit,   25
niht wan an dir einer stât,
Solte̜ ich dan mîn herze von dir scheiden,
sô müeste̜ ich mir selben leiden:
daz wære mir niht guot getân.
doch soltû gedenken, sælic wîp,   daz ich nû lange
                                   kumber hân. 30
    Vrouwe̜, ich weiz wol dînen muot:
daz dû gerne stæte bist,
daz habe̜ ich bevunden wol.
Jâ hât dich vil wol behuot
der vil reine wîbes list   35
der guotiu wîp behüeten sol.
Alsus vreut mich dîn sælde̜ und ouch dîn êre,
und enhân niht vreude mêre.
nû sprich, bin ich dar an gewert?
dû solt mich, vrouwe, des geniezen lân,   daz ich sô
                                rehte hân gegert. 40

8 (L. 13 33).

Maneger vrâget waz ich klage,
unde giht des einen daz ez iht von herzen gê.
Der verliuset sîne tage:
14 wande̜ im wart von rehter liebe weder wol noch wê:
Des ist sîn geloube kranc.   5
swer gedæhte   waz diu minne bræhte,
der vertrüege mînen sanc.
    Minne̜ ist ein gemeinez wort,
und doch ungemeine mit den werken: dêst alsô.
minne̜ ist aller tugende̜ ein hort: 10
âne minne wirdet niemer herze rehte vrô.
Sît ich den gelouben hân,
vrouwe Minne,   vreut ouch mir die sinne.
mich müet, sol mîn trôst zergân.
    Min gedinge̜ ist, der ich bin   15
holt mit rehten triuwen, daz si̜ ouch mir daz selbe sî.
Triuget dar an mich mîn sin,
sô ist mînem wâne leider lützel vreuden bî.

Neinâ herre! sist sô guot,
swennę ir güete   erkennet mîn gemüete,   20
daz si mir daz beste tuot,
    Wiste si den willen mîn,
liebes unde guotes des wurdę ich von ir gewert.
Wie möhtę aber daz nû sîn?
sît man valscher minne mit sô süezen worten gert,   25
daz ein wîp niht wizzen mac
wer si meine.   disiu nôt aleine
tuot mir manegen swæren tac.
    Der diu wîp alrêrst betrouc,
der hât beidę an mannen und an wîben missevarn.   30
Ich enweiz waz diu liebe touc,
sît sich vriunt gein vriunde niht vor valsche kan bewarn.
Vrouwe, daz ir sælic sît!
lât mit hulden   mich den gruoz verschulden,
der an vriundes herzen lît.   35

9 (L. 120 25).

Weder ist ez übel, oder ist ez guot,
daz ich mîn leit verhelen kan?
Man siht mich dicke wol gemuot:
sô trûret manic ander man,
    Der mînen schaden halben nie gewan: 5
sô gebârę ich dem gelîche
als ich sî maneger vreuden rîche.
nû ruochę ez got gevüegen sô
daz ich von wâren schulden müeze werden vrô.
    Wie kumt daz ich sô manegem man   10
von sender nôt geholfen hân,
Und ich mich selben niht enkan
getrœsten, mich entriegę ein wân?
121 Ich minnę ein wîp, diust guot und wol getân:
diu lât mich aller rede beginnen,   15
ich kann aber endes niht gewinnen.
    dar umbe wærę ich nû verzaget,
wan daz sį ein wênic lachet sô si mir versaget.

[9. Vgl. Kraus Zfda. 70, 116.]

Genuoge kunnen deste baz
gereden daz si bî liebe sint: 20
Swie dicke ich ir noch bî gesaz,
sô wesse ich minner dan ein kint.
Ich wart an allen mînen sinnen blint.
des wære ich anderswâ betœret:
si ist ein wîp diu niht gehœret,   25
joch guoten willen kan gesehen.
den hân ich, sô mir iemer müeze liep geschehen.

   Si sehe daz si innen sich bewar
(si schînet ûzen vreudenrîch),
Daz si an den siten iht irre var: 30
sô wart nie wîp sô minneclîch,
Sô tæte ir lop vil vrouwen lobe entwich.
ist nâch ir wirde gefurrieret
diu schœne diu si ûzen zieret,
kan ich ir denne gedienen iht,   35
des wirt bî solhen êren ungelônet niht.

   Swie noch mîn vreude an zwîvel stât,
den mir diu guote mac vil wol
Gebüezen, ob sis willen hât,
sô enruoche ich waz ich kumbers dol.   40
Si vrâgent des mich nieman vrâgen sol,
wie lange ich bî ir welle belîben:
sist iemer mêr vor allen wîben
ein wernder trôst zu vreuden mir.
nû müeze mir geschehen als ich geloube an ir.   45

10 (L. 115 6).

Herre got, gesegene mich vor sorgen,
daz ich vil wünneclîche lebe!
Wil mir ieman sîne vreude borgen,
daz ich im ein ander wider gebe?
Die vinde ich vil schiere ich weiz wol wâ: 5
wan ich liez ir wunder dâ,
der ich vil wol mit sinnen
getriuwe ein teil gewinnen.
   Al mîn vreude lît an einem wîbe:
der herze ist ganzer tugende vol,   10

Und ist sô geschaffen an ir lîbe
daz man ir gerne dienen sol.
Ich erwirbę ein lachen wol von ir.
des muoz si gestaten mir:
wie mac siz behüeten,   15
ich envreuwe mich nâch ir güeten.
  Als ich under wîlen zir gesitze,
sô si mich mit ir reden lât,
Sô benimmt si mir sô gar die witze,
daz mir der lîp alumbe gât.   20
Swennę ich iezuo wunder rede kan.
gesihet si mich einest an,
sô hân ichs vergezzen,
waz woldę ich dar gesezzen.

11 (L. 100 3).

Ich gesprach nie wol von guoten wîben,
was mir leit, ich enwurde vrô.
Sende sorge kundę ich nie vertrîben
minneclîcher dan alsô.
Wol mich, daz ich in hôhen muot   5
mit mînem lobe gemachen kan, und mir daz sanfte tuot!
  Ouwê woltę ein sælic wîp aleine,
sô getrûrtę ich niemer tac,
Der ich dienę, und hilfet mich vil kleine
swaz ich si geloben mac.   10
Daz ist ir liep und tuot ir wol:
wan si vergizzet iemer mîn,   sô man mir danken sol.
  Vremdiu wîp diu dankent mir vil schône.
daz sį iemer sælic müezen sîn!
Daz ist wider mîner vrouwen lône   15
mir ein kleinez denkelîn.
Si habe den willen den si habe.   ſden iht abe.
mîn willę ist guot, und klage diu werc,   gêt mir an

12 (L. 49 25).

Herzeliebez vrouwelîn,
got gebe dir hiutę und iemer guot.

[12. Vgl. Kraus Germanica für Sievers s. 518; Zfda
70, 103.]

Kundę ich baz gedenken dîn,
des hetę ich willeclîchen muot.
Waz mac ich dir sagen mê,   5
wan daz dir nieman holder ist? ouwê, dâ von ist
    Sie verwîzent mir daz ich   [mir vil wê.
sô nidere wende mînen sanc.
Daz si niht versinnent sich
waz liebe sî, des haben undanc!   10
Si getraf diu liebe nie,
die nâch dem guotę und nâch der schœne minnent;
50   Bî der schœnę ist dicke haz: [wê wie minnent die?
zer schœne niemen sî ze gâch.
Liebe tuot dem herzen baz: 15
der liebe gêt diu schœne nâch.
Liebe machet schœne wîp:
des enmac diu schœne niht getuon, si enmachet niemer
    Ich vertragę als ich vertruoc   [lieben lîp.
und als ich iemer wil vertragen.   20
Dû bist schœnę und hâst genuoc:
waz mugen si mir dâ von gesagen?
Swaz si sagen, ich bin dir holt,
und nim dîn glesîn vingerlîn vür einer küneginne golt.
    Hâstû triuwę und stætekeit,   25
sô bin ich sîn ânę angest gar
Daz mir iemer herzeleit
mit dînem willen widervar.
Hâst aber dû der zweier niht,
sô enmüezestû mîn niemer werden.   ouwê dannę, ob
                        daz geschiht!   30

13 (L. 74 20).

'Nemt, vrouwe, disen kranz:'
alsô sprach ich zeiner wol getânen maget:
'Sô zieret ir den tanz,
mit den schœnen bluomen, als ir sị ûfe traget.
Hetę ich vil edele gesteine,   5
daz müestę ûf iuwer houbet,
ob ir mirs geloubet.
sêt mîne triuwe, daz ichz meine.'

Si nam daz ich ir bôt,
einem kinde vil gelîch daz êre hât.   10
Ir wangen wurden rôt,
sam diu rôse, dâ si bî der liljen stât.
Dô erschamten sich ir liehten ougen:
doch neic si mir schône.
daz wart mir ze lône: 15
wirt mirs iht mêr, daz trage ich tougen.

   '[Vrouwe,] ir sît sô wol getân,
daz ich iu mîn schapel gerne geben wil,
Sô ichz aller beste hân.
wîzer unde rôter bluomen weiz ich vil: 20
Die stênt niht verre in jener heide.
dâ si schône entspringent
und die vogele singent,
dâ suln wir si brechen beide.'

   Mich dûhte daz mir nie   25
lieber wurde, danne mir ze muote was.
Die bluomen vielen ie
von dem boume bî uns nider an daz gras.
Seht, dô muoste ich von vreuden lachen.
dô ich sô wünneclîche   30
was in troume rîche,
dô tagete ez und muose ich wachen.

75   Mir ist von ir geschehen,
daz ich disen sumer allen meiden muoz
Vaste under dougen sehen: 35
lihte wirt mir einiu: sôst mir sorgen buoz.
Waz ob si gêt an disem tanze?
vrouwe, durch iuwer güete
rucket ûf die hüete.
ouwê gesæhe ich si under kranze!   40

       14 (L. 39 11).

'Undèr der linden
an der heide,
dâ unser zweier bette was,

---

14. Vgl. Schade Wissenschaftl. monatsbl. 3, 107; Saran
Beitr. 24, 83 (über den rhythmus).

Dâ' múget ir vinden
schône beide   5
gebrochen bluomen unde gras.
Vor dem waldę in einem tal,
tandaradei,
   schône sanc diu nahtegal.

 Ích kám gegangen   10
zuo der ouwe:
dô was mîn vriedel kommen ê.
Dâ' wart ich emphangen,
hêre vrouwe,
daz ich bin sælic iemer mê.   15
Kustę er mich?   wol tûsentstunt:
tandaradei,
   seht wie rôt mir ist der munt.

40 Dô hetę er gemachet
alsô rîche   20
von bluomen eine bettestat.
Des wirt noch gelachet
inneclîche,
kumt iemen an daz lebe phat.
Bî den rôsen er wol mac,   25
tandaradei,
   merken wâ mirz houbet lac.

 Daz er bî mir læge,
wessę ez iemen
(nû enwelle got!), sô schamtę ich mich.   30
Wes er mit mir phlæge,
niemer niemen
bevinde daz, wan er und ich,
Und ein kleinez vogelîn:
tandaradei,   35
   daz mac wol getriuwe sîn.'

15 (L. 45 37).

Sô die bluomen ûz dem grase dringent,
sam si lachen gegen der spilden sunnen,

46 in einem meien an dem morgen vruo,
Und diu kleinen vogelîn wol singet
in ir besten wîse die si kunnen,   5
waz wunne mac sich dâ gelîchen zuo?
Ez ist wol halp ein himelrîche.
suln wir sprechen waz sich dem gelîche,
sô sagę ich waz mir dicke baz
in mînen ougen hât getân,   und tætę ouch noch,
                                   gesæhę ich daz.   10

   Swâ ein edeliu schœne vrouwe reine,
wol gekleidet unde wol gebunden,
durch kurzewîle zuo vil liuten gât,
Hovelîchen hôchgemuot, niht eine,
umbe sehendę ein wênic under stunden,   15
alsam der sunne gegen den sternen stât, —
Der meie bringę uns al sîn wunder,
waz ist dâ sô wünneclîches under,
als ir vil minneclîcher lîp?
wir lâzen alle bluomen stân   und kaphen an daz
                                     werde wîp.   20

   Nû wol dan, welt ir die wârheit schouwen!
gên wir zuo des meien hôchgezîte!
der ist mit aller sîner krefte komen.
Seht an in und seht an schœne vrouwen,
wederz dâ daz ander überstrîte:
daz bezzer spil, ob ich daz hân genomen.
Ouwê der mich dâ welen hieze,
deich daz eine durch daz ander lieze,
wie rehte schierę ich danne kür!
her Meię, ir müeset merze sîn,   ê ich mîn vrouwen
                                        dâ verlür.   30

16 (L. 46 32).

Aller werdekeit ein vüegærinne,
daz sît ir zewâre, vrouwe Mâze.
er sælic man, der iuwer lêre hât!
Der endarf sich iuwer niender inne

---

16. Dieser ton unterscheidet sich von dem vorher-
gehenden nur in der drittletzten zeile.

weder ze hove schamen noch an der strâze.   5
durch daz sô suochę ich, vrouwe, iuwern rât,
Daz ir mich ebene werben lêret.

47 wirbę ich nidere, wirbę ich hôhę, ich bin versêret.
ich was vil nâch ze nidere tôt,
nû bin ich aber ze hôhe siech: unmâzę enlât mich
                               âne nôt.   10

    Nideriu minne heizet diu sô swachet
daz der lîp nâch kranker liebe ringet:
diu minne tuot unlobelîche wê.
Hôhiu minne reizet unde machet
daz der muot nâch hôher wirdę ûf swinget: 15
diu winket mir nû, daz ich mit ir gê.
Mich wundert wes diu mâze beitet.
kumt diu herzeliebę, ich bin iedoch verleitet:
mîn ougen hânt ein wîp ersehen,
swie minneclîch ir rede sî,   mir mac wol schade von
                            ir geschehen.   20

17 (L. 109 1).

Ganzer vreuden wart mir nie sô wol ze muote:
mirst geboten, daz ich singen muoz.
Sælic sî diu mir daz wol verstê ze guote!
mich mant singen ir vil werder gruoz.
Diu mîn iemer hât gewalt,   5
diu mac mir wol trûren wenden
unde senden   vreude manicvalt.
    Gît daz got daz mir noch wol an ir gelinget,
seht, sô wærę ich iemer mêre vrô,
Diu mir beide herzę und lîp zu vreuden twinget.   10
mich betwanc nie mê kein wîp alsô.
Ê was mir gar unbekant
daz diu minne twingen solde
swie si woldę,   unz ichz an ir bevant.
    Minne, wunder kan dîn güete liebe machen,   15
und dîn twingen swenden vreuden vil.
Dû lêrst ungemüetę ûz spilnden ougen lachen,
swâ dû mêren wilt dîn wunderspil:
Dû kanst vreudenrîchen muot

sô verworrenlîche verkêren,   20
daz dîn sêren   sanfte unsanfte tuot.
　Süeze Minne, sît nâch dîner süezen lêre
mich ein wîp alsô betwungen hât,
Bit si daz sị ir wîplîch güete gegen mir kêre:
sô mac mîner sorge werden rât.   25
110 Durch ir liehten ougen schîn
wart ich alsô wol emphangen,
gar zergangen   was daz trûren mîn.
　Mich vreut iemer daz ich alsô guotem wîbe
dienen sol ûf minneclîchen danc.   30
Mit dem trôstẹ ich dicke trûren mir vertrîbe,
und wirt al mîn ungmüete kranc.
Endet sich mîn ungemach,
sô weiz ich von wârheit danne
daz nie manne   an liebe baz geschach.   35

18 (L. 110 13).

Wol mich der stunde, daz ich si erkande,
diu mir den lîp und den muot hât betwungen,
Sît deich die sinne sô gar an si wande,
der si mich hât mit ir güete verdrungen.
Daz ich gescheiden von ir niht enkan,   5
daz hât ir schœnẹ und ir güete gemachet,
und ir rôter munt, der sô lieplîchen lachet.
　Ich hân den muot und die sinne gewendet
an die reinen, die lieben, die guoten.
Daz müezẹ uns beiden wol werden volendet,   10
swes ich getar an ir hulde gemuoten.
Swaz ich noch vreuden zer werldẹ ie gewan,
dáz hât ir schœne und ir güete gemachet,
und ir rôter munt, der sô lieplîchen lachet.

19 (L. 118 24).

Ich bin nû sô rehte vrô,
daz ich vil schiere wunder tuon beginne.
Lîhtẹ ez sich gevüeget sô
daz ich erwirbe mîner vrouwen minne.

Seht sô stîgent mir die sinne   5
wol hôher dan der sunnen schîn.   gnàdẹ, ein küniginne!
   Ich ensach die schœnen nie
sô dicke, daz ich daz gen ir verbære,
Mir enspilten dougen ie.
der kalte winter was mir gar unmærc.   10
Ander liute dûhtẹ er swære:
mir was die wîle als ich enmitten in dem meien wære.
   Disen wünneclîchen sanc
hân ich gesungen mîner vrouwen zêren.
119 Des sol si mir wizzen danc: 15
durch si sô wil ich iemer vreude mêren.
   Wol mac si mîn herze sêren:
waz danne, ob si mir leide tuot? si mac ez wol verkêren.
   Daz enkunde nieman mir
gerâten daz ich schiede von dem wânc.   20
Kêrtẹ ich mînen muot von ir,
wâ vundẹ ich dennẹ ein alsô wol getânc,
Diu sô wære valsches âne?
sist schœner unde baz gelobet dan Elênẹ und Diânẹ.

20 (L. 92 9).

Ein niuwer sumer, ein niuwe zît,
ein guot gedingẹ, ein lieber wân,
diu liebent mir en widerstrît,
daz ich noch trôst ze vreuden hân.
Noch vreuwet mich ein anderz baz   5
dan aller vogelîne sanc:
swâ man noch wîbes güete maz,
dâ wart ir ie der habedanc.
Daz meinẹ ich an die vrouwen mîn:
dâ muoz noch mêre trôstes sîn.   10
sist schœner dan ein schœne wîp:
die schœne machet lieber lîp.
   Ich weiz wol daz diu liebe mac
ein schœne wîp gemachen wol:
iedoch swelch wip ie tugende phlac,   15
daz ist diu der man wünschen sol.
Diu liebe stêt der schœne bî

baz dan gesteine dem golde tuot:
nû jehet waz danne bezzer sî,
hânt dise beide rehten muot.   20
Si hœhent mannes werdekeit:
swer ouch die süezen arebeit
durch si ze rehte kan getragen,
der mac von herzeliebe sagen.

Der blic gevreut ein herze gar,   25
den minneclîche̜ ein wîp an siht:
wie welt ir danne daz der var,
dem ander liep von ir geschiht?
Der ist eht maneger vreuden rîch,
sô jenes vreude gar zergât.   30

93 waz ist den vreuden ouch gelîch,
dâ liebez herze̜ intriuwen stât,
In schœne̜, in kiusche̜, in reinen siten?
swelch sælic man daz hât erstriten,
ob er daz vor den vremden lobet,   35
sô wizzet daz er niht entobet.

Waz sol ein man der niht engert
gewerbes umbe̜ ein reine wîp?
si lâze̜ in iemer ungewert,
ez tiuret doch wol sînen lîp.   40
Er tuo durch einer willen sô
daz er den andern wol behage:
sô tuot in ouch ein ander vrô,
ob im diu eine gar versage.
Dar an gedenke̜ ein sælic man: 45
dâ lit vil sælde̜ und êren an.
swer guotes wîbes minne hât,
der schamt sich aller missetât.

21 (L. 93 19).

Waz hât diu werlt ze gebenne
liebers dan ein wîp,
daz ein sende herze baz gevreuwen müge?
Waz stiuret baz ze lebenne
dan ir werder lîp?
ich enweiz niht daz ze vreuden hôher tüge,

Swenne sô wîp von herzen meinet
den der ir wol lebet ze lobe.
dâ ist ganzer trôst mit vreuden underleinet:
disen dingen hât diu werlt niht dinges obe.   10
   Mîn vrouwę ist zwir beslozzen,
der ich liebe trage,
dort verklûset, hie verhêret dâ ich bin.
Des einen hât verdrozzen
mich nû manege tage: 15
sô gît mir' daz ander senelîchen sin.
Soltę ich phlegen der zweier slüzzel huote,
dort ir lîbes, hie ir tugent,
disiu wirtschaft næme mich ûz sendem muote,
und næmę iemer von ir schœne niuwe jugent.   20
94   Wænet huote scheiden
von der lieben mich,
diech mit stæten triuwen her gemeinet hân?
Solhe liebe leiden,
des verzîhe sich: 25
ich dienę iemer ûf den minneclîchen wân.
Mac diu huote mich ir lîbes phenden,
dâ habę ich ein trœsten bî:
si enkan niemer von ir liebe mich gewenden
twinget si daz eine, sôst daz ander vrî.   30

22 (L. 112 17).

Ir vil minneclîchen ougenblicke
rüerent mich alhie, swannę ich si sihe,
In mîn herzę, ouwê soldę ich sie dicke
sehen, der ich mich vür eigen gihe!.
Eigenlîchen dienę ich ir: 5
daz sol si vil wol gelouben mir.
   Ich tragę inme herzen eine swære
von ir die ich lâzen niht enmac,
Bî der ich vil gerne tougen wære
beide naht und ouch den liehten tac.   10
Des enmac nû niht gesîn:
ez enwil diu liebe vrouwe mîn.

Sol ich mîner triuwę alsus engelten,
sô ensol niemer man getrûwen ir.
Si vertrüege michels baz ein schelten   15
dan ein loben, daz geloubet mir.
Wê war umbe tuot si daz,
der mîn herze treit vil kleinen haz?

23 (L. 99 6).

Sumer unde winter beide sint
guotes mannes trôst, der trôstes gert:
Er ist rehter vreude gar ein kint,
der ir niht von wîbe wirt gewert.
Dâ von sol man wizzen daz,   5
daz man elliu wîp sol êren, und iedoch die besten baz.
   Sît daz nieman âne vreude touc,
sô woltę ouch ich vil gerne vreude hân
Von der mir mîn herze nie gelouc,
ez ensagete mir ir güetę ie sunder wân.   10
Swennę ez dougen sante dar,
seht, sô brâhtens im diu mære, daz ez vuor in sprüngen
   Ich enweiz niht wol wiez dar umbe sî: [gar.
si engesach mîn ouge lange nie:
Sint ir mînes herzen ougen bî,   15
sô daz ich ânę ougen sihe sie?
Dâ ist doch ein wunder an geschehen:
wer gap im daz sunder ougen, deiz si zaller zît mac
   Welt ir wizzen waz diu ougen sîn,   [sehen?
dâ mitę ich si sihe durch elliu lant?   20
Ez sint die gedanke des herzen mîn:
dâ mite sihę ich durch mûrę und ouch durch want.
Nû hüeten swie si dunke guot:
sô sehent si doch mit vollen ougen herze willę und al der
                                muot.
   Wirdę ich iemer ein sô sælic man,   25
daz si mich ânę ougen sehen sol?
Siht si mich in ir gedanken an,
sô vergiltet si mir mîne wol.
Mînen willen gelte mir,
100 sende mir ir guoten willen: mînen den habę iemer ir.   30

24 (L. 50 19).

Bin ich dir unmære,
des enweiz ich niht: ich minne dich.
Einez ist mir swære,
dû sihst bî mir hin und über mich.
Daz soltû vermîden.   5
ich enmac niht erlîden
solhe liebe âne grôzen schaden:
hilf mir tragen, ich bin ze vil geladen.
    Sol daz sîn dîn huote,
daz dîn ouge mich sô selten siht?   10
Tuostû daz ze guote,
sô enwîze ich dir dar umbe niht.
Sô mît mir daz houbet,
daz sî dir erloubet,
und sich nider an mînen vuoz,   15
sô dû baz enmügest: daz sî dîn gruoz.
    Swanne ich sî alle schouwe,
die mir suln von schulden wol behagen,
Sô bistûz mîn vrouwe:
daz mac ich wol âne rüemen sagen.   20
51 Edel unde rîche
sint si sumelîche,
dar zuo tragent si hôhen muot:
lîhte sint si bezzer, dû bist guot.
    Vrouwe, dû versinne   25
dich ob ich dir zihte mære sî.
Eines vriundes minne
diust niht guot, dâ ensî ein ander bî.
Minne entouc niht eine,
sî sol sîn gemeine,   30
sô gemeine daz si gê
durch zwei herze und durch dekeinez mê.

---

24 16. Hierauf folgt in E folgende strophe: *Sie begin-
nent alle miner frauwen* (lies *frouwe, miner*) *fuezze nemen
war mitten in dem schalle so sich frauwe auch under wilen
dar ümme die merkere la dir sin ummere den griffe ich
wol naher baz daz versueche alrerst so denne daz.*

25 (L. 51 13).

Muget ir schouwen waz dem meien
wunders ist beschert?
Seht an phaffen, seht an leien,
wie daz allez vert.
Grôz ist sîn gewalt: 5
ich enweiz ob er zouber künne:
swar er vert in sîner wünne,
dâ enist niemen alt.
   Uns wil schiere wol gelingen.
wir suln sîn gemeit,   10
Tanzen lachen unde singen,
âne dörperheit.
Wê wer wære unvrô?
sît die vogele alsô schône
singent in ir besten dône,   15
tuon wir ouch alsô!
   Wol dir, meie, wie dû scheidest
allez âne haz!
Wie dû walt und ouwe kleidest
und die heide baz!   20
Diu hât varwe mê.
'dû bist kurzer, ich bin langer,'
alsô strîtent sị ûf dem anger,
bluomen unde klê.
   Rôter munt, wie dû dich swachest!   25
lâ dîn lachen sîn.
52 Scham dich daz dû mich an lachest
nâch dem schaden mîn.
Ist daz wol getân?
ouwê sô verlorner stunde,   30
sol von minneclîchem munde
solh unminnẹ ergân!
   Daz mich, vrouwẹ, an vreuden irret,
daz ist iuwer lîp.
An iu einer ez mir wirret,   35
ungenædic wîp.
Wâ nemt ir den muot?
ir sît doch genâden rîche:

tuot ir mir ungnædeclîche,
sô sît ir niht guot.   40
  Scheidet, vrouwe, mich von sorgen,
liebet mir die zît:
Oder ich muoz an vreuden borgen.
daz ir sælic sît!
Muget ir umbe sehen?   45
sich vreut al diu werlt gemeine:
möhte mir von iu ein kleine
vreudelîn geschehen!

26 (L. 52 23).

Mîn vrouwe ist ein ungenædic wîp,
daz sị an mir als harte missetuot.
Nû brâhtẹ ich doch einen jungen lîp
in ir dienest, dar zuo hôhen muot.
Ouwê dô was mir sô wol: 5
wiest daz nû verdorben!
waz hân ich erworben?
anders niht wan kumber den ich dol.
  Ich engesach nie houbet baz gezogen:
in ir herze kundẹ ich nie gesehen.   10
Ie dar under bin ich gar betrogen:
daz ist an den triuwen mir geschehen.
Möhtẹ ich ir die sternen gar,
mânen unde sunnen
zeigen hân gewunnen,   15
daz wærẹ ir, sô ich iemer wol gevar.
53 Ouwê mîner wünneclîchen tage!
waz ich der an ir versûmet hân!
Daz ist imer mînes herzen klage,
sol diu liebẹ an mir alsus zergân.   20
Lîdẹ ich nôt und arebeit,
die klagẹ ich vil kleine:
mîne zît aleine,
habẹ ich die verlorn, daz ist mir leit.

---

26. [Vgl. Kraus Zfda. 70, 106.) 25. Statt dieser und der
folgenden strophe hat E: *Sie hat mir bescheiden vil
manigen tac unde versumet mir vil schone leben als*

Ich gesach nie sus getâne site,   25
daz sị ir besten vriunden wære gram.
Swer ir vîent ist, dem wil si mite
rûnen: daz guot ende nie genam.
Ich weiz wol wiez endẹ ergât:
vîent und vriunt gemeine,   30
der gestêt sị aleine,
sô si mich und jenẹ unrehte hât.

Mîner vrouwen darf niht wesen leit,
daz ich rîtẹ und vrâgẹ in vremediu lant
Von den wîben die mit werdekeit   35
lebent (derst vil manegiu mir erkant)
Und die schœne sint dâ zuo:
doch ist iṛ deheine,
weder grôz noch kleine,
der versagen mir iemer wê getuo.   40

27 (L. 53 25).

Si wunderwol gemachet wîp,
daz mir noch werdẹ ir habedanc!
Ich setzẹ ir minneclîchen lîp
vil werdẹ in mînen hôhen sanc.
Gernẹ ich in allen dienen sol: 5
doch hân ich mir disẹ ûz erkorn.
ein ander weiz die sînen wol:
die lobẹ er âne mînen zorn;
habẹ ime wîsẹ unde wort
mit mir gemeine: lobẹ ich hie, sô lobẹ er dort.   10
    Ir houbet ist sô wünnenrîch,
als ez mîn himel welle sîn.

*ich sie (ichz Lachm.) nu niht mer geliden mac so wil
ich ir auch eine (ein ende Haupt) geben tuot si
mir gnade [da nachgetragen] so diene ich ir mit eren sol
aber ich mich keren von ir gar so tantze ich aber
anderswar. Maniger claget sin frauwe spreche nein so
clage ich daz mine spricht ia aller worte kan si nür
(niwan Lachm.) ein daz hœr ich vil selten anderswa ichn
weiz ob sie spotte min sie versaget mir nimmer sie ge-
lobet mir immer gern unde ia daz muoz unselic sin.*
    27. Vgl. Pfeiffer Germ. 2, 470.

Wem solde̜ ez anders sîn gelîch?
ez hât ouch himelischen schín.
Dâ liuhtent zwêne sternen abe: 15
dâ müeze̜ ich mich noch inne̜ ersehen,
daz si mir si̜ alsô nâhen habe!
sô mac ein wunder wol geschehen:
ich junge̜, und tuot si daz,
und wirt mir gernden siechen seneder sühte baz.   20
    Got hâte̜ ir wengel hôhen vlîz:
er streich sô tiure varwe dar,
Sô reine rôt, sô reine wîz,
hie rœseloht, dort liljenvar.
54 Ob ichz vor sünden tar gesagen,   25
sô sæhe̜ ich si̜ iemer gerner an
dan himel oder himelwagen.
ouwê waz lobe̜ ich tumber man?
mache̜ ich si mir ze hêr,
vil lîhte wirt mîns mundes lop mîns herzen sêr.   30
    Sie hât ein küssen, daz ist rôt:
gewünne̜ ich daz vür mînen munt,
Sô stüende̜ ich ûf von dirre nôt
und wære̜ ouch iemer mê gesunt.
Swâ si daz an ir wengel leget,   35
dâ wære̜ ich gerne nâhen bî:
ez smecket, sô manz iender reget,
alsam ez vollez balsmen sî.
daz sol si lîhen mir:
swie dicke sô siz wider wil, sô gibe̜ ichz ir.   40
    Ir kel, ir hende̜, ietweder vuoz,
daz ist ze wunsche wol getân.
Ob ich dâ enzwischen loben muoz,
sô wæne̜ ich mê beschouwet hân.
Ich hete̜ ungerne 'decke blôz!'   45
gerüefet, dô ich si nacket sach.
si sach mich niht, dô si mich schôz,
daz mich noch stichet als ez dô stach.
swanne̜ ich der lieben stat
gedenke, dâ si reine̜ ûz einem bade trat.   50

28 (L. 85 34).

Vrouwẹ, enlât iuch niht verdriezen
mîner redẹ, ob sie gevüege sî.
86 Möhtẹ ichs wider iuch geniezen,
sô wærẹ ich den besten gerne bî.
Wizzet daz ir schœne sît: 5
hât ir, als ich mich verwæne,
güete bî der wolgetæne,
waz dannẹ an iu einer êren lît!
   'Ich will iu zu redenne gunnen
(sprechet swaz ir welt), ob ich niht tobe.   10
Daz hât ir mir an gewunnen
mit dem iuwern minneclîchen lobe.
Ich enweiz ob ich schœne bin,
gerne hetẹ ich wîbes güete.
lêret mich wiech die behüete: 15
schœner lîp entouc niht âne sin.'
   Vrouwe, daz wil ich iuch lêren,
wie ein wîp der werlte leben sol:
Guote liute sult ir êren,
minneclîchẹ an sehen und grüezen wol: 20
Eime sult ir iuwern lîp
geben vür eigen, nemet den sînen.
vrouwe, woltet ir den mînen,
den gæbẹ ich umbẹ ein sô schœne wîp
   'Beide schouwen unde grüezen,   25
swaz ich mich dar an versûmet hân,
Daz wil ich vil gerne büezen.
ir hât hovelîchẹ an mir getân.
Tuot durch mînen willen mê:
sît niht wan mîn redegeselle.   30
ich enweiz nieman dem ich welle
nemen den lîp: ez tætẹ im lîhte wê.'
   Vrouwe, lât michz alsô wâgen
(ich bin dicke komen ûz grœzer nôt),
Unde lâts iụch niht betrâgen: 35
stirbẹ aber ich, sô bin ich sanfte tôt.
'Herre, ich wil noch langer leben.
lîhtẹ ist iu der lîp unmære;

waz bedorftę ich solher swære,
soltę ich mînen lîp umbę iuwern geben?'   40

29 (L. 115 30).

Mich nimt iemer wunder waz ein wîp
an mir habę ersehen,
Daz sị ir zouber leit an mînen lîp.
waz ist ir geschehen?
Jâ hât si doch ougen: 5
wie kumt daz sị als übele siht?
ich bin aller manne schœnest niht,
daz ist âne lougen.

116   Habę ir ieman iht von mir gelogen,
sô beschouwe mich baz.
Sist an mîner schœne gar betrogen,
wil si niht wan daz.
Wie stât mir mîn houbet!
daz enist niht zu wol getân.
si betriuget lîhtę ein tumber wân,   15
ob siz niht geloubet.
    Dâ si wont, dâ wonent wol tûsent man
die vil schœner sint.
Wan daz ich ein lützel vuoge kan,
sôst mîn schœnę ein wint.
Vuoge hân ich kleine:
doch ist si genæme wol,
sô daz si vil guoten liuten sol
iemer sîn gemeine.
    Wil si vuoge vür die schœne nemen,   25
sôst si wol gemuot.
Kan si daz, sô muoz ir wol gezemen
swaz si mir getuot.
Sô wil ich mich neigen,
und tuon allez daz si wil.   30
waz bedarf si denne zoubers vil?
ich bin doch ir eigen.
    Lât iu sagen wiez umbę ir zouber stât,
des si wunder treit.

_____

29. [Vgl. Kraus Zfda. 70, 110.]

Sist ein wîp diu schœnẹ und êre hât,   35
dâ bî liep und leit.
Daz sị iht anders künne,
des sol man sich gar bewegen,
wan daz ir vil minneclîchez phlegen
machet sorgẹ und wünne.   40

30 (L. 69 1).

Saget mir ieman, waz ist minne?
weiz ich des ein teil, sô wistẹ ichs gerne mê.
Der sich baz dan ich versinne,
der berihte mich durch waz si tuot sô wê.
Minnẹ ịst minne, tuọt si wol: 5
tuot si wê, sô enheizet si niht rehte minne. sus enweiz ich
wie si danne heizen sol.

Ob ich rehte râten künne
waz diu minne sî, sô sprechet denne jà.
Minnẹ ist zweier herzen wünne:
teilent si gelîche, sôst diu minne dâ: 10
Sol aber ungeteilet sîn,
sô enkan sị ein herzẹ aleine niht enthalten. ouwê woldestû
mir helfen, vrouwe mîn!

Vrouwẹ, ich tragẹ ein teil ze swære:
wellestû mir helfen, sô hilf an der zît.
Sî aber ich dir gar unmære,   15
daz sprich endelîche: sô lâzẹ ich den strît,
Unde wirdẹ ein ledic man.
dù solt aber einez rehte wizzen, vrouwe, daz dich lützel
ieman baz geloben kan.

Kan mîn vrouwe süeze siuren?
wænet si daz ich ir liep gebẹ umbe leit?   20
Sol ich si dar umbe tiuren,
daz siz wider kêrẹ an mînẹ unwerdekeit?

---

30. [Vgl. Kraus Zfda. 70, 100.] **18.** Hier folgt in EF:
*Ich will also singen immer daz sie denne sprechent er
gesanc nie baz des gedankest du mir nimmer daz verwizzẹ
ich dir qlrest so (fehlt F) denne daz weistu wes sie wün-
schent dir daz sie selig sie von der man uns sust (uns so
schone E) singet sich frauwe den gemeinen wunsch hast
auch von mir.*

2*

Sô kunde ich unrehte spehen.
wê waz spriche ich ôrenlôser ougen âne? den diu minne
              blendet, wie mac der gesehen?

31 (L. 40 19).

Ich hân ir sô wol gesprochen,
daz si maneger in der werlde lobet:
Hât si daz an mir gerochen,
ouwê danne, sô hân ich getobet,
Daz ich die getiuret hân   5
und mit lobe gekrœnet,
diu mich wider hœnet.
vrouwe Minne, daz sî iu getân.

    Vrouwe Minne, ich klage iu mêre:
rihtet mir und rihtet über mich.   10
Der ie streit umbe iuwer êre
wider unstæte liute, daz was ich.
In den dingen bin ich wunt.
ir hât mich geschozzen,
und gât si genozzen: 15
ir ist sanfte, ich bin aber ungesunt.

    Vrouwe, lât mich des geniezen:
ich weiz wol, ir habet strâle mê:
Muget ir si in ir herze schiezen,
daz ir werde mir gelîche wê?   20
41 Muget ir, edeliu künegîn,
iuwer wunden teilen
oder die mîne heilen?
sol ich eine alsus verdorben sîn?

    Ich bin iuwer, vrouwe Minne: 25
schiezet dar dâ man iu widerstê.
Helfet daz ich si gewinne.

---

31 24. Hier folgt in E, teilweise auch in U erhalten:
Frauwe minne ir sült lonen baz denne einem andern
man unde sült min schonen (ir mir schonen U) baz
wonde (lies *wande*) *ich ü baz gedienet han (baz als ich iv*
gedienen kan U) waz sol (sold U) üch der nüwe site daz
ir manegen eret (heret U) der üch hin (fehlt U) wider
uneret da verderbet ir die besten mite.

neinâ vrouwe, daz sis iht engê!
Lât mich iu daz ende sagen:
und engêt sị uns beiden,   30
wir zwei sîn gescheiden.
wer soltẹ iu dannẹ iemer iht geklagen?

32 (L. 65 33).

Umbẹ einen zwîvellîchen wân
was ich gesezzen, und gedâhte,
Ich wolte von ir dienste gân,
wan daz ein trôst mich wider brâhte.
66 Trôst mac ez rehte niht geheizen, ouwê des!   5
ez ist vil kûmẹ ein kleinez trœstelîn,
sô kleine, swennẹ ichz iu gesagẹ, ir spottet mîn.
doch vreut sich lützel ieman, er enwizze wes.

Mich hât ein halm gemachet vrô:
er giht, ich sül genâde vinden.   10
Ich maz selbe kleine strô,
als ich hie vor gesach von kinden.
Nû hœret unde merket ob siz denne tuo.
'si tuot, si entuot, si tuot, si entuot, si tuot.'
swie dicke sô ich maz, daz ende was ie guot.   15
daz trœstet mich: dâ hœret ouch geloube zuo.

Swie liep sị mir von herzen sî,
sô mac ich nû doch wol erlîden
Daz man ir sî ze dienste bî:
ich darf ir werben dâ niht nîden.   20

---

32 1. Vor dieser strophe steht in F die folgende in gleichem tone: *Do got geschuff so schöne ein weyp do geschuff er ir so schöne synne das man sie lobet für mangen leyp ir schone ist auch tumb dorinne wie sol ich die erwerben die so rehte selig ist mit meiner selde erwirbe ich lützel dann* (dâ Lachm.) *ich wil mich rechte an ir gnade lan* (lâzen Lachm.) *ia das ist mein ennde rat und auch mein ende list.* [Vgl. Kraus Zfda. 70, 112.] 17. Der text dieser nur in C überlieferten strophe scheint verderbt. Sie ist noch nicht befriedigend erklärt: vgl. Wallner Beitr. 33, 204. Der vorschlag von Sievers (ebenda 35, 191) z. 19 zu lesen *daz ich ie sî den besten bî* verstösst gegen den sprachgebrauch, da statt *ie* vielmehr *iemer* stehen müsste.

Ich enmac, als ich erkenne, des gelouben niht
daz sị ieman sanftẹ in zwîvel bringen müge.
mirst liep daz die getrogenen wizzen waz si trüge,
und alze lanc daz sị iemer rüemic man gesiht.

33 (L. 70 1).

Daz ich dich sô selten grüeze,
vrouwe, deist ânẹ alle mîne missetât.
Ich wil daz wol zürnen müeze
liep mit liebe, swâz von vriundes herzen gât.
Niene trûre dû, wis vrô: 5
sanfte zürnen, sêre süenen, deist der minne rcht: diu herze-
  Ich engesach nie tage slîchen   [liebe wil alsô.
sô die mîne tuont.   ich wartẹ in allez nâch:
Wessẹ ich war si wolten strîchen!
mich nimt iemer wunder wes in sî sô gâch.   10
si mugen von mir komen żuo deme
der ir niht sô schône phliget als ich: sô lâzen denne schî-
                                nen ob si wîzen, weme.
  Dû solt eine rede vermîden,
vrouwe: daz gezimt den dînen güeten wol:
Spræchestûz, ich woldẹ ez nîden,   15
daz die bœsen sprechent, dâ man lônen sol,
'Hetẹ er sældẹ, ich tætẹ im guot.'
er ist selbẹ unsælic, der daz gerne sprichet unde
                                niemer diu gelîche tuot.

34 (L. 70 22).

Genâde, vrouwe! tuo alsô bescheidenlîche:
lâ mich dir einer iemer leben:
Ob ich daz breche, daz ich von dir vürder strîche!
wan einez soltû mir vergeben:
Daz mahtû mir ze kurzewîlẹ erlouben gerne,   5
die wîlẹ unz ich dîn beiten sol.
ich nennẹ ez niht, ich meine jenez, dû weist ez wol.
ich sage dir wes ich angest hân: dâ vürhtẹ ich daz ichz
                                widẹr lerne.

'Gewinnẹ ich iemer liep, daz wil ich haben eine:
mîn vriunt der minnet andriu wîp.   10
An allen guoten dingen hân ich wol gemeine,
wan dâ man teilet vriundes lîp.
Sô ich in under wîlen gerne bî mir sæhe,
sô ist er von mir anderswâ.
sît er dâ gerne sî, sô sî ouch iemer dâ.   15
ez tuot sô manegem wîbe wê,   daz mir dâ von niht
                                        wol geschæhe.'

71 Si sælic wîp, si zürnet wider mich ze sêre,
daz ich mich vriundẹ an manege stat.
Sie engehiez mich nie geleben nâch ir lêre,
swie jâmerlîchẹ ich sis gebat.   20
Waz hilfet mich daz ich si minne vor in allen?
si swîget iemer als ich klage.
wil si daz ich andern wîben widersage,
sô lâzẹ ir mîne rede nû ein wênic baz dan ê gevallen.

   'Ich wil dir jehen daz dû mîn dicke sêre bæte,   25
und nam ich des vil kleine war.
Dô wissẹ ich wol dazt allenthalben alsô tæte:
dâ von wart ich dir vrèmede gar.
Der mîn ze vriunde ger, wil er mich ouch gewinnen,
der lâzẹ alsolhẹ unstætekeit.   30
gemeine liep daz dunket mich gemeinez leit:
nû sage, weistû anders iht?   dâ von tar ich dich
                                        niht gewinnen.'

                35 (L. 72 31).

Lange swîgen des hâtẹ ich gedâht:
nû wil ich singen aber als ê.
Dar zuo hânt mich guote liute brâht:
die mugen mir wol gebieten mê.
Ich sol singen unde sagen,   5
und swes si gern, daz sol ich tuon: sô suln si mînen kum-
                                        ber klagen.

   Hœret wunder, wie mir ist geschehen
von mîn selbes arebeit:
73 Mich enwil ein wîp niht an gesehen:
die brâhtẹ ich in die werdekeit,   10

Daz ir muot sô hôhe stât.

jô enweiz si niht, swennę ich mîn singen lâze, daz ir lop
   Herre, waz si vlüeche lîden sol,   [zergât.

swennę ich nû lâze mînen sanc!

Alle die nû lobent, daz weiz ich wol,   15

die scheltent dannę ân mînen danc.

Tûsent herzen wurden vrô

von ir genâden: dius engeltent, lat si mich verderben sô.

   Dô mich dûhte daz si wære guot,

wer was ir bezzer dô dan ich?   20

Dêst ein ende: swaz si mir getuot,

des mac ouch si verwænen sich,

Nimet si mich von dirre nôt,

ir leben hât mînes lebennes êre: stirbę aber ich, sô ist
   Sol ich in ir dienste werden alt,   [si tôt. 25

die wîle junget si niht vil.

Sô ist mîn hâr vil lîhtę alsô gestalt,

daz sį einen jungen danne wil.

Sô helfe iu guot, her junger man,

sô rechet mich und gêt ir alten hût mit sumerlaten an. 30

36 (L. 88 9).

Vriuntlîchen lac

ein rîter vil gemeit

an einer vrouwen armę.   er kôs den morgen lieht,

dô er in durch diu wolken   sô verre schînen sach.

Diu vrouwę in leide sprach   5

'wê geschehe dir, tac,

daz dû mich lâst bî liebe   langer blîben niht.

daz si dâ heizent minne,   deist niwan senede leit.'

   'Vriundinne mîn,

dû solt dîn trûren lân.   10

ich wil mich von dir scheiden: daz ist uns beiden guot.

ez hât der morgensterne   gemachet hinne lieht.'

'Mîn vriunt, nû tuo des niht,

lâ die rede sîn,

daz dû mir iht sô sêre   beswærest mînen muot. 15

war gâhest alsô balde?   ez ist niht wol getân.'

'Vrouwe mîn, nû sî,
ich wil belîben baz.
nû redę in kurzen zîten   allez daz dû wil,
daz wir unser huote   triegen aber als ê.'   20
89 'Mîn vriunt, daz tuot mir wê,
ê ich dir aber bî
gelige, mîner swære   derst leider alze vil
nû mît mich niht zu lange: vil liep ist mir daz.'

'Daz muoz alsô geschehen   25
daz ich es niene mac,
sol ich dich, vrouwe, mîden   eines tages lanc:
sô enkumt mîn herze   doch niemer von dir.'
'Mîn vriunt, nû volge mir:
dù solt mich schiere sehen,   30
ob dû mir sîst mit triuwen   stæte sunder wanc.
ouwê der ougenweide!   nû kiusę ich den tac.'

'Waz helfent bluomen rôt,
sît îch nû hinnen sol?
vil liebiu vriundinne.   die sint unmære mir,   35
reht als den vogelînen   die winterkalten tage.'
'Vriunt, dêst ouch mîn klage
und mir ein wernde nôt.
jô enweiz ich niht ein ende,   wie langę ich dîn enbir.
nû ligę eht eine wîle: sô engetæte dû nie sô wol.'   40

'Vrouwe, ez ist zît:
gebiut mir, lâ mich varn.
jâ tuon ichz durch dîn êre,   daz ich von hinnen ger.
der wahtære diu tageliet   sô lûtę rhaben hât.'
'Vriunt, wie wirt es rât?   45
dâ lâzę ich dir den strît.
ouwê des urloubes,   des ich dich hinnen wer!
90 von dem ich habe die sêle,   der müeze dich bewarn.'

Der rîter dannen schiet:
dô sente sich sîn lîp,   50
und liez ouch sêre weinde   die schœnen vrouwen guot.
doch galt er ir mit triuwen   daz sį ime vil nâhe lac.
Si sprach 'swer ie gephlac
ze singen tageliet,

der wil mir wider morgen   beswæren mînen muot. 55
nû ligę ich liebes âne   rehtę als ein senede wîp.'

37 (L. 57 23).

Minne diu hât einen site:
daz si den vermîden wolde!
daz gezæmę ir baz.
Dâ beswært si manegen mite,
den sie niht beswæren solde: 5
wê wie zimt ir daz?
Ir sint vier und zweinzec jâr
vil lieber dan ir vierzec sint,   und stellet sich vil
                              übel, siht sį iender grâwez hâr.
    Minne was mîn vrouwe gar,
deich wol wiste al ir tougen.   10
nû ist mir sô geschehen
Kumt ein junger iezuo dar,
sô wirdę ich mit twerhen ougen
schilhendę an gesehen.
Armez wîp, wes müet si sich?   15
58 weizgot wan daz si liste phliget   und tôren triuget,
                          sist doch elter vil dan ich.
    Minne hât sich an genomen
daz si gêt mit tôren umbe
springendę als ein kint.
War sint allę ir witze komen?   20
wes gedenket si vil tumbe?
sist joch gar ze blint.
Daz sį ir rûschen nienen lât,
und vüerę als ein bescheiden wîp!   si stôzet sich,
                          daz ez mir an mîn herze gât.
    Minne sol daz nemen vür guot,   25
under wîlen sô si ringet,

---

37. E eröffnet dieses lied mit folgender strophe: *Ich
han ir gedienet [sô* Lachm.] *daz [diu* Lachm.] *do heizet
frauwe minne daz iz [mac* Lachm.] *immer clage [wiser
man si wiget unhô und* Lachm.] *der gauch ist guoter
sinne daz mich der sol veriage der min tore solte sin da
wir zwene werben ümme ein ding daz dinc tuot fürder
nimmer muez ez werden min.*

daz ich sitzen gê.
Ich hân alsô hôhen muot
als einer der vil hôhe springet:
wê waz wil sis mê? 30
Anders dienę ich swâ ich mac.
si besuoche wâ die sehse sîn: von mir hât sį in der
wochen ie den sibenden tac.

38 (L. 63 32).

Sie vrâgent unde vrâgent aber alze vil
von mîner vrouwen, wer si sî.
Daz müet mich sô daz ich sį in allen nennen wil:
sô lânt si mich doch danne vrî.
Genâdę und ungenâde, dise zwêne namen 5
hât mîn vrouwe beide. die sint ungelîch:
64 der einę ist arm, der ander rîch.
der mich des rîchen irre,   der müeze sich des armen
schamen.

Die schamelôsen, liezen si mich âne nôt,
sô enhætę ich weder haz noch nît. 10
Nû muoz ich von in gân, als unzuht mir gebôt:
ich lâzę in laster unde strît.
Dô zuht gebieten mohtę, ouwê, dô schuof siz sô:
tûsent werten einem ungevüegen man,
unz er schône sich versan 15
und muose sich versinnen: sô vil was der gevüegen dô.
Ich wil der guoten niht vergezzen noch ensol,
diu mir sô vil gedanke nimet.
Die wîlę ich įingen wil, sô vindę ich iemer wol
ein niuwe lop daz ir gezimet. 20
Nû habę ir diz vür guot: sô lobę ich danne mê.
ez tuot in den ougen wol daz man si siht:
und daz man ir vil tugende giht,
daz tuot wol in den ôren. sô woł ir des! und wê mir, wê!
Swie wol diu heidę in manicvalter varwe stât, 25
sô wil ich doch dem walde jehen
Daz er vil mêre wünneclîcher dinge hât:

[**38.** Vgl. Kraus Germanica für Sievers s. 504.]

noch ist dem velde baz geschehen.
Sô wol dir, sumer, sus getâner hövescheit!
sumer, daz ich iemer lobe dîne tage,   30
trôst, sô trœste mîne klage.
ich sage dir wàz mir wirret: daz mir ist liep, dem
                          bin ich leit.

39 (L. 119 17).

Got gebe ir iemer guoten tac
und lâze mich si noch gesehen,
Diech minne und niht erwerben mac.
mich müet daz ich si hœre jehen
Wie holt si mir entriuwen wære,   5
und sagete mir ein ander mære,
des mîn herze inneclîchen kumber lîdet iemer sit.
ouwê wie süeze ein arebeit!
ich hân ein senfte unsenftekeit.

  'Got hât vil wol ze mir getân,   10
sit ich mit sorgen minnen sol,
Daz ich mich underwunden hân
dem alle liute sprechent wol.
Im wart von mir in allen gâhen
ein küssen und ein umbevâhen: 15
seht, dô schôz mir in mîn herze daz mir iemer nâhe lit
unz ich getuon des er mich bat.
ich tæte ez, wurde mirs diu stat.'

  'Ich wære dicke gerne vrô,
wan daz ich niht gesellen hân.   20
Nû si alle trûrent sô,
120 wie möhte ichz eine denne lân?
Ich müese ir vingerzeigen liden,
ich enwolte vreude durch si mîden.
sus behalte ich wol ir hulde, daz siz lâzen âne nit: 25
wande ich gelache niemer niht
wan dâ ez ir dekeiner siht.'

  Ez tuot mir inneclichen wê,
als ich gedenke wes man phlac
In der werlte wîlent ê.   30
ouwê deich·niht vergezzen mac

Wie rehte vrô die liute wâren!
dô kundę ein sælic man gebâren,
unde spiletę im sin herze gein der wünneclîchen zît.
sol daz niemer mêr geschehen,   35
sô müet mich daz ichz hân gesehen.

40 (L. 112 3).

Müestę ich noch geleben daz ich die rôsen
mit der minneclichen solde lesen,
Sô woldę ich mich sô mit ir erkôsen,
daz wir iemer vriunde müesten wesen.
Wurde mir ein kus noch zeiner stunde   5
von ir rôten munde,
sô wærę ich an vreuden wol genesen.
    Waz sol lieplîch sprechen? waz sol singen?
waz sol wîbes schœne? waz sol guot?
Sît man nieman siht nâch vreuden ringen,   10
sît man übel âne vorhte tuot,
Sît man triuwe milte zuht und êre
wil verphlegen sô sêre,
sô verzaget an vreuden maneges muot.

41 (L. 110 27).

Wer kan nû ze danke singen?
dirrę ist trûric, der ist vrô:
Wer kan daz zesamene bringen?
dirrę ist sus und der ist sô.
Si verirrent mich   5
und versûment sich:
wessę ich waz si wolten, daz sungę ich.
    Vreudę und sorgę erkennę ich beide:
dâ von singę ich swaz ich sol.
Mir ist liebe, mir ist leide.   10
111 sumerwünne tuot mir wol:
Swaz ich leides hân,
daz tuot zwîvelwân,
wiez mir um die lieben sül ergân.
    Wol iu kleinen vogelînen!   15
iuwer wünneclîcher sanc

Der verschallet gar den mînen.
al diu werlt diu seit iu danc.
Alsô danken ir . . .

42 (L. 42 15).

Wil aber ieman wesen vrô,
daz wir in den sorgen iemer niht enleben?
Wê wie tuont die jungen sô,
die von vreuden solten in den lüften sweben?
Ich enweiz anders wem ichz wîzen sol,   5
wan den rîchen wîze ichz und den jungen.
die sint unbetwungen:
des stât in trûren übel und stüende in vreude wol.

43   Wie vrô Sælde kleiden kan,
daz si mir gît kumber unde hôhen muot!   10
Sô gît si einem rîchen man
ungemüete: ouwê waz sol dem selben guot?
Mîn vrô Sælde, wie sie sich vergaz,
daz si mir sîn guot ze mînem muote
niene schriet, si guote!   15
mîn kumber stüende im dort bî sînen sorgen baz.

   Swer verholne sorge trage,
der gedenke an guotiu wîp: er wirt erlôst:
Und gedenke an liehte tage.
die gedanke wâren ie mîn bester trôst.   20
Gegen den vinstern tagen hân ich nôt,
wan daz ich mich rihte nâch der heide,
diu sich schamt vor leide:
sô si den walt siht gruonen, sô wirt si iemer rôt.

   Vrouwe, als ich gedenke an dich,   25
waz dîn reiner lîp erwelter tugende phliget,
Sô lâ stân! dû rüerest mich
mitten an daz herze, dâ diu liebe liget.
Liep und lieber des enmeine ich niht:
ez ist aller liebest, daz ich meine.   30
dû bist mir aleine
vor al der werlte, vrouwe, swaz joch mir geschiht.

43 (L. 117 29).

Nû singe ich als ich ê sanc
'wil aber iemen wesen vrô?
Daz die rîchen haben undanc,
und die jungen haben alsô!'
Wiste ich waz in würre (möhten si mirz gerne sagen),   5
ich hulfe in ir schaden klagen.
  Swâ sô liep bî liebe lît
gar vor allen sorgen vrî,
Ich wil daz des winters zît
118 den zwein wol erteilet sî.   10
  Winter unde sumer, der zweier êren ist sô vil
daz ich beide loben wil.
Hât der winter kurzen tac,
sô hât er die langen naht,
Daz sich liep bî liebe mac   15
wol erholn daz ê dâ vaht.
Waz hân ich gesprochen? wê jâ hete ich baz geswigen,
sol ich iemer sô geligen.

44 (L. 97 34).

Ez wære uns allen   einer hande sælden nôt,
daz man rehter vreude schône phlæge als ê.
Ein missevallen   daz ist mîner vreuden tôt,
98 daz den jungen vreude tuot sô rehte wê.
War zuo sol ir junger lîp,   5
dâ mit si vreude solten minnen?
hei wolten si ze vreuden sinnen!
junge man, des hulfen iu diu wîp!
  Nû bin ich iedoch   vrô und muoz bî vreuden sîn
durch die lieben, swiez dar under mir ergât.   10
Mîn schîn ist hie noch: sô ist ir daz herze mîn
bî, daz man mich ofte sinnelôsen hât.
Hei solten si zesamene komen,
mîn lîp, diu herze, ir beider sinne!

---

43. Das versmass ist das gleiche wie in **59.** Ich habe
beide lieder in ihrer stellung nur belassen, um die reihen-
folge gegen die erste auflage nicht zu verändern.

daz si des niene wurden inne,   15
die mir dicke vreude hânt benomen!
Vor den merkæren   kan nû nieman liep geschehen:
wan ir huote twinget manegen werden lîp.
Daz muoz beswæren   mich: swenne̦ ich si solte sehen,
sô muoz ich si mîden, si vil sælic wîp.   20
Doch müeze̦ ich noch die zît geleben,
daz ich si willic eine vinde,
sô daz diu huote̦ uns beiden swinde:
dâ mit mir wurde liebes vil gegeben.
    Vil maneger vrâget   mich der lieben, wer si sî,   25
der ich diene̦ und allez her gedienet hân.
Sô des betrâget   mich, sô spriche̦ ich 'ir sint drî,
den ich diene: sô habe̦ ich zer vierden wân.'
Doch weiz siz aleine wol,
diu mich hât sus zuo zir geteilet.   30
diu guote wundet unde heilet,
der ich vor in allen dienen sol.
    Nû, vrouwe Minne,   kum si minneclîchen an,
diu mich twinget und alsô betwungen hât.
Brinc si des inne,   daz diu minne twingen kan.   35
waz ob minneclîchiu liebe̦ ouch si bestât?
Sô möhte si̦ ouch gelouben mir
daz ich si gar von herzen meine.
nû, Minne, bewære̦ irz und bescheine,
daz ich iemer gerne diene dir.   40

45 (L. 54 37).

Ich vreudehelfelôser man,
war umbe mache̦ ich manegen vrô,
55 Der mir es niht gedanken kan?
ouwê wie tuont die vriunde sô?
Jâ vriunt! waz ich von vriunden sage!   5
hete̦ ich dekeinen, der vernæme̦ ouch mîne klage.
nû enhân ich vriunt, nû enhân ich rât:
nû tuo mir swie dû wellest, minneclîchiu Minne,   sit
                        nieman mîn genâde hât.
    Vil minneclîchiu Minne̦, ich hân
von dir verloren mînen sin.   10

Dú wilt gewalteclîchen gân
in mînem herzen ûz und in.
Wie mac ich âne sin genesen?
dû wonest an sîner stat, dâ er inne solte wesen:
dû sendest in dû weist wol war,   15
dâ enmac er leider niht erwerben, vrouwe Minne: ouwê
    Genâde, vrouwe Minne! ich wil [dû soltest selbe dar.
dir umbe dise boteschaft
Noch vüegen dînes willen vil:
wis wider mich nû tugenthaft.   20
Ir herzę ist rehter vreuden vol,
mit lûterlîcher reinekeit gezieret wol:
erdringestû dâ dîne stat,
sô lâ mich in, daz wir si mit ein ander sprechen.   mir
                    missegie, dô ich sį eine bat.

    Genædeclîchiu Minne, lâ: 25
war umbe tuostû mir sô wê?
Dû twingest hie, nû twinc ouch dâ,
und sich wâ si dir widerstê.
Nû wil ich schouwen, ob dû iht tügest.
dû endarft niht jehen daz dû in ir herzę enmügest: 30
ez enwart nie sloz sô manicvalt,
daz vor dir gestüende, diebe meisterinne.   tuo ûf!
                    sist wider dich ze balt.

Vrô Sælde teilet umbe mich,
und kêret mir den rücke zuo.
Wan kan si doch erbarmen sich: 35
nû râtet, vriunt, waz ich es tuo.
Sie stêt ungerne gegen mir:
56 loufę ich hin umbę, ich bin doch iemer hinder ir:
si enruochet mich niht an gesehen.
ich wolte daz ir ougen an ir nacke stüenden: sô
        müestę ez âne ir danc geschehen.   40

Wer gap dir, Minne, den gewalt,
daz dû doch sô gewaltic bist?
Dû twingest bede junc und alt:
dâ vür kan nieman keinen list.
Nû lobę ich got, sît dîniu bant   45

mich sulen twingen, deich sô rehte hân erkant
wâ dienest werdeclîchen lît.
dâ von enkumę ich niemer.　　　　　gnâdę, ein küneginne!
　　　　　lâ mich ir leben mîne zît.

46 (L. s. 184. 61 33).

Ich wil nû mêrę ûf ir genâde wesen vrô
sô verre als ich mit gedanken iemer mac.
Ich enweiz ob allen liuten rehte sî alsô:
nâch eime guoten kumt mir ein sô bœser tac
Sô ich ze vreuden niht enkan:　　　　　　　　　　5
sô trœstet wænen: des phlac ich　　　　von kinde gerner
ich enruoche wer mîn dar umbe lachet:　　[dan ie man.
zewâre wünschen unde wænen　　　hât mich vil dicke
　　　　　　　　　　vrô gemachet.
　　Ich wünsche mir sô werde daz ich noch gelige
bî ir sô nâhen deich mich in ir ouge ersehe,　　　10
Und ich ir alsô volleclîchen an gesige,
swes ich si dennè vrâge, daz si mirs verjehe.
Sô sprichę ich 'wiltûs iemer mê
beginnen, dû vil sælic wîp,　　　daz du mir aber tuost
sô lachet si vil minneclîche.　　　[sô wê?'　　15
wie nû, swennę ich mir sô gedenke,　　　bin ich von
　　　　　　　　　　wünschen niht der rîche?
　　Mîn ungemach, daz ich durch si erliten hân
swennę ich mit senenden sorgen alsô sêre ranc,
Sol mich daz alsô kleine wider si vervân,
hân ich getrûret âne lôn und âne danc,　　　20
Sô wil ich mich gehaben baz.
waz ob ir vreude lieber ist　　　dan trûren sî, ich
　　　　　　　　　　wünschę ouch daz.
und sint ir denne beidę unmære,
sô spiltę ich doch des einen gerner　　　dan jenes daz gar
　　　　　　　　　　verloren wære.

---

46. Die ersten drei strophen und die letzte sind nur
in E überliefert, weshalb eine einigermassen sichere her-
stellung des textes nicht möglich ist. In der vierten bereut
der dichter die in der zweiten ausgesprochenen phanta-
sieen, da sie anstoss erregt hatten.

Mir ist mîn erre redę enmitten zwei geslagen: 25
daz eine halbe teil ist mir verboten gar:
Daz müezen ander liute singen unde sagen.
ich sol aber iemer mîner zühte nemen war
Und wünneclîcher mâze phlegen.
62 umbę einez, daz si heizent zuht,   lâzę ich vil dinges
                    under wegen: 30
enmac ich des niht mê geniezen,
stêt ez als übel ûf der strâze,   sô wil ich mîne tür
                    besliezen.
Ouwê daz mir sô manegeŗ missebieten sol!
daz klagę ich hiutę und iemer rehter hövescheit.
Ir ist doch lützel den ir schapel stê sô wol,   35
er envündę im ouch ein harte sweredenz herzeleit
und wærę er von ir anderswâ
wan dar ich gernde bin. daz ist   der schade: er
                    wærę ouch gerne dâ.
des muoz ich missebieten lîden.
iedoch swer sîne zuht behielte,   dem stüendę ein schapel
                    wol von sîden.   40

47 (L. 44 11. s. 171).

Mîn vrouwę ist underwîlent hie:
sô guot ist si, als ich des wæne wol.
Von ir geschiet ich mich noch nie:
ist daz ein minne dandern suochen sol,
Sô wirt si vil dickę ellende   5
mit gedanken als ich bin.
mîn lîp ist hie, sô wont bî ir mîn sin:
der wil von ir niht, dêst ein endę.
nû woltę ich, er tætę ir guote war
und mîn dar umbe niht vergæze.   waz hilfet, tuon ich
   dougen zuo? sô sehent si durch mîn herze dar.   10
Ich lebete wol und âne nît,
wan durch der lügenære werdekeit.
Daz wirt ein lange wernder strît:
ir liep muoz iemer sîn mîn herzeleit.

    [**47**. Vgl. Kraus Zfda 70, 89.]

Ez erbarmet mich vil sêre,   15
daz sî als offenlîche gânt
und nieman guoten unverworren lânt.
unstæte, schande, sünde, unêre,
die râtent sị iemer swâ man sị hœren wil.
ouwê daz man si niht vermîdet!   daz wirt noch manegẹr
  vrouwen schadẹ   und hât verderbet herren vil.   20
Noch duldẹ ich tougenlîchen haz
von einem worte daz ich wîlent sprach.
Waz mac ichṣ, zürnent sị umbe daz?
ich wil nû jehen des ich ê dâ jach.
Ich sanc von der rehten minne   25
daz si wære sünden vrî.
der valschen der gedâhtẹ ich ouch dâ bî,
und rieten mir die mîne sinne
daz ich si hiezẹ unminne.   daz tet ich.
nû vêhent mich ir undertâne.   als helfẹ iu got, werdẹ
  ich vertriben, ir vrouwen, sô behaltet mich.   30
Mac ieman deste wîser sîn
daz er an sîner rede vil liute hât,
Daz ist an mir vil kleine schîn.
ez gât diu werlt wol halbẹ an mînen rât
Und bin doch sô verirret   35
daz ich lützel hie zuo kan.
Ez mac wol helfen einem andern man:
ich merke wol daz ez mir wirret.
Und wil die vriundẹ erkennen iemer mê
die guote mære niht verkêrent. wil ieman lôser mit mir
  reden,   ich enmac: mir tuot daz houbet wê.   40

48 (L. 73 23).

Die mir in dem winter vreude hânt benomen,
si heizen wîp, si heizen man,
Disiu sumerzît diu müezẹ in baz bekomen.
ouwê daz ich niht vluochen kan!

·   **47 21.** Diese und die folgende strophe sind nur in E
überliefert, daher die textherstellung misslich. Es findet
eine rückbeziehung auf **3 25** statt.

Leider ich enkan niht mêre   5
wan daz übel wort 'unsælic'. neinâ! daz wærẹ alze sêre.
   Zwêne herzelîche vlüeche kan ich ouch:
die vluochent nâch dem willen mîn.
Hiure müezen sị beide esel unde gouch
gehœren ê sị enbizzen sîn.   10
Wê in denne, den vil armen!
wessẹ ich ob siz noch gerûwẹ, ich wolde mich durch
                                        got erbarmen.
   Man sol sîn gedultic wider ungedult:
daz ist den schamelôsen leit.
Sẉen die bœsen hazzent âne sîne schult,   15
74 daz kumt von sîner vrümekeit.
   Trœstet mich diu guotẹ aleine,
diu mich wol getrœsten mac, sô gæbẹ ich umbẹ ir nîden
   Ich wil al der werlte sweren ûf ir lîp: [kleine.
den eit sol si vil wol vernemen: 20
Sî mir ieman lieber, maget oder wîp,
diu helle müeze mir gezemen.
   Hât si nû deheine triuwe,
sô getrûwet si dem eidẹ und senftet mînes herzen riuwe.
   Herren unde vriunt, nû helfet an der zît: 25
daz ist ein endẹ, ez ist alsô:
Ich enbehabe mînen minneclîchen strît,
jâ enwirdẹ ich niemer rehte vrô.
Mînes herzen tiefiu wunde
diu muoz•iemer offen stên, si enküsse mich mit vriundes
mînes herzen tiefiu wunde   [munde.   30
diu muoz iemer offen stên, si enheile sị ûf und ûz von
mînes herzen tiefiu wunde   [grunde.
diu muoz iemer offen stên, sie enwerde heil von Hilte-
                                        [gunde.

   49 (L. **62 6**).
Ob ich mich selben rüemen sol,

---

48 34. Hiltegund ist nicht der wirkliche name der ge-
liebten, sondern der dichter gibt ihr den namen mit rück-
sicht auf seinen eigenen, indem er auf das verhältnis
zwischen Walther und Hiltegund in der deutschen helden-
dichtung anspielt.

sô bin ich des ein hübescher man,
Daz ich sô manegę unvuoge dol
sô wol als ichz gerechen kan.
Ein klôsenærę, ob erz vertrüegę? ich wænę, er nein.   5
hætę er die statę als ich si hân,
bestüendę in dannę ein zörnelîn,
ez wurdę unsanfte widertàn,
swie sanftę ichz alsô lâze sîn!
daz und ouch mê vertragę ich doch durch eteswaz.   10
   Vrouwę, ir habet mir geseit alsô,
swer mir beswære mînen muot,
Daz ich den machę wider vrô:
er schame sich lîhtę und werde guot.
Diu lêrę, ob si mit triuwen sî, daz schínę an iu.   15
ich vreuwę iuch, ir beswæret mich:
des schamt iuch, ob ichz reden getar,
lât iuwer wort niht velschen sich,
und werdet guot: sô habet ir wâr.
vil guot sît ir, wan daz ich guot von guote wil.   20
   Vrouwę, ir sît schœnę und sît ouch wert:
den zwein stêt wol genâde bî.
Waz schadet iu daz man iuwer gert?
joch sint iedoch gedanke vrî.
Wân unde wunsch daz woldę ich allez ledic lân: 25
nû höveschent mîne sinne dar.
Waz mac ichs, gebent sį iu mînen sanc?
des nemet ir lîhte niender war:
sô hân ichs doch vil hôhen danc.
treit iuch mîn lop ze hove, daz ist mîn. werdekeit.   30
   Vrouwę, ir habet ein vil werdez tach
an iuch geslouft, den reinen lîp.
Wan ich nie bezzer kleit gesach,
63 ir sît ein wol bekleidet wîp.
Sin unde sælde sint gesteppet wol dar in.   35
getragene wât ich nie genam:
wan dise næmę ich als gernę ich lebe.
der keiser wurdę ir spileman,
umbę olsô wünneclîche gebe,
dâ keiser spil. nein, herre keiser, anderswâ!   40

50 (L. 63 8).

Die verzageten aller guoten dinge
wænent daz ich mit in sî verzaget:
Ich hân trôst daz mir noch vreude bringe
der ich mînen kumber hân geklaget.
Ob mir liep von der geschiht,   5
sô enruoche ich wes ein bœser giht.

   Nît den wil ich iemer gerne lîden.
vrouwe, dâ soltû mir helfen zuo,
Daz si mich von schulden müezen nîden,
sô mîn liep in herzeleide tuo.   10
Schaffe daz ich vrô gestê:
sôst mir wol, und ist in iemer wê.

   Vriundîn unde vrouwen in einer wæte
wolte ich an dir einer gerne sehen,
Ob ez mir sô rehte sanfte tæte   15
alse mir mîn herze hât verjehen.
Vriundîn ist ein süezez wort:
doch sô tiuret vrouwe unz an daz ort.

   Vrouwe, ich wil mit hôhen liuten schallen,
werdent diu zwei wort mit willen mir: 20
Sô lâz ouch dir zwei von mir gevallen,
daz si ein keiser kûme gæbe dir.
Vriunt und geselle diu sint dîn:
sô sî vriundîn unde vrouwe mîn.

51 (L. 58 21).

Die zwîvelære sprechent, ez sî allez tôt,
ez enlebe nû nieman der iht singe.
Nû mugen si doch bedenken die gemeinen nôt,
wie al diu werlt mit sorgen ringe.
Kumt sanges tac, man hœret singen unde sagen: 5
man kan noch wunder.
ich hôrte ein kleine vogelîn daz selbe klagen:
daz tet sich under:
'ich singe niht, ez welle tagen'.

   Die lôsen scheltent guoten wîben mînen sanc,   10
und jehent daz ich ir übel gedenke.
Si phlihten alle wider mich und haben danc:

er sî ein zage, der dâ wenke.
Nû dar swer tiuschen wîben ie gespræche baz!
wan daz ich scheide   15
die guoten von den bœsen.   seht, daz ist ir haz.
lobetẹ ich si beide
gelîche wol, wie stüende daz?

59   Ich bin iu eines dinges holt, haz unde nît,
sô man iuch ûz ze boten sendet,   20
Daz ir sô gerne bî den biderben liuten sît
und dâ mit iuwern herren schendet.
Ir spehære, sô ir nieman stæten muget erspehen,
den ir verkêret,
sô hebet iuch heim in iuwer hûs (ez muoz geschehen), 25
daz ir unêret
verlogenen munt und twerhez sehen.

Der alsô guotes wîbes gert als ich dâ ger.
wie vil der tugende haben solte!
Nû enhân ich leider niht dâ mit ich si gewer,   30
wan ob sị ein lützel von mir wolte.
Zwô tugende hân ich, der si wîlent nâmen war,
scham unde triuwe:
die schadent nû beide sêre. schaden nû alsô dar!
ich bin niht niuwe: 35
dem ich dâ gan, dem gan ich gar.

  Ich wânde daz si wære missewende vrî:
nû sagent si mir ein ander mære,
Si jehent daz niht lebendes âne wandel sî:
sôst ouch mîn vrouwe wandelbære.   40
Ich enkan aber niht erdenken waz ir missestê,
wan ein vil kleine:
si schadet ir vînde niht, und tuot ir vriunden wê.
lât si daz eine,
swie vil ich suoche, ich envindes mê.   45

  Ich hân iu gar gesaget daz ir missestât:
zwei wandel hân ich iu genennet.
Nû sult ir ouch vernemen waz si tugende hât
(der sint ouch zwô), daz ir sị erkennet.
Ich seitẹ iu gerne tûsent: ir enist niht mê dâ,   50

wan schœne̜ und êre,
die hât si beide voll`̜`clîche.   'hât si?' jâ.
waz wil si mêre?
hiest wol gelobet: lobe̜ anderswâ.

52 (L. 56 14).

Ir sult sprechen willekomen:
der iu mære bringet, daz bin ich.
Allez daz ir habet vernomen.
daz ist gar ein wint: nû vrâget mich.
Ich wil aber miete: 5
wirt mîn lôn iht guot,
ich gesage̜ iu lîhte daz iu sanfte tuot.
seht waz man mir êren biete.
   Ich wil tiuschen vrouwen sagen
solhiu mære daz si deste baz   10
Al der werlte suln behagen:
âne grôze miete tuon ich daz.
Waz wolde̜ ich ze lône?
si sint mir ze hêr:
sô bin ich gevüege̜ und bitte si̜ nihtes mêr   15
wan daz si mich grüezen schône.
   Ich hân lande vil gesehen
unde nam der besten gerne war:
Übel müeze mir geschehen,
kunde̜ ich ie mîn herze bringen dar   20
Daz im wol gevallen
wolde vreme̜der site.
nû waz hulfe mich, ob ich unrehte strite?
tiuschiu zuht gât vor in allen.
   Von der Elbe̜ unz an den Rîn   25
und her wider unz an Ungerlant
57 Mugen wol die besten sîn,
die ich in der werlte hân erkant.
Kan ich rehte schouwen
guot gelâz und lîp,   30
sem mir got, sô swüere̜ ich wol daz hie diu wîp
bezzer sint dan ander frouwen.
   Tiusche man sint wol gezogen,

rehtẹ als engel sint diu wîp getân.
Swer si schiltet, derst betrogen: 35
ich enkan sîn anders niht verstân.
Tugent und reine minne,
swer die suochen wil,
der sol komen in unser lant: dâ ist wünne vil:
lange müezẹ ich leben dar inne!   40
Der ich vil gedienet hân
und iemer mêre gerne dienen wil,
Diust von mir vil unerlân:
iedoch sô tuot si leides mir sô vil.
Si kan mir versêren   45
herze und den muot.
nû vergebez ir got daz sị an mir missetuot.
her nâch mac si sichs bekêren.

53 (L. 60 34).

Ich wil nû teilen, ê ich var,
mîn varnde guot und eigens vil,
Daz ieman dürfe strîten dar,
wan den ichz hie bescheiden wil.
Al mîn ungelücke wil ich schaffen jenen   5
61 di sich hazzes unde nîdes gerne wenen,
dar zuo mîn unsælikeit.
mîne swære
haben die lügenære.
mîn unsinnen   10
schaffẹ ich den die mit velschẹ minnen,
den vrouwen nâch herzeliebe senendiu leit.
    Nû bîtet, lât mich wider komen.
ich weiz der wîbe willen wol:
Ich hân von in ein mære vernomen,   15
dâ mitẹ ich manegẹ erwerben sol.
Ich wil lîp und êrẹ und al mîn heil verswern:

---

53. Wir werden uns diese beiden strophen so vor-
getragen denken müssen, dass sich der dichter, nachdem
er mit der ersten fertig ist, zum weggang wendet, dann
aber wieder umkehrt und von neuem beginnt. Ein lied
in dem gleichen tone siehe unter **95.**

wie mac sich deheiniu danne mîn erwern?
nein ich weizgot, swaz ich sage.
got der solte   20
rihten, ob er wolte,
die sô swüeren,
daz in diu ougen ûz gevüeren
und sich doch einest stiezen in dem tage.
Mir ist liep daz si mich klage   25
ze mâze als ez ir schône stê:
Ob man ir mære von mir sage,
daz ir dâ von sî sanfte wê.
Si sol iemer durch den willen mîn
ungevüege swære lâzen sîn: 30
daz stêt senenden vrouwen wol,
als ichz meine.
dar ahtent jene vil kleine,
die sich des vlîzent.
daz si den munt sô sêre bîzent   35

. . . .

54 (L. 39 1).

Uns hât der winter geschat über al:
heide unde walt sint beide nû val,
dâ manic stimme vil suoze inne hal.
sæhe ich die megede an der strâze den bal
werfen! sô kæme uns der vogele schal.   5
    Möhte ich verslâfen des winters zît!
wache ich die wîle, sô hân ich sîn nît,
daz sîn gewalt ist sô breit und sô wît.
weizgot er lât ouch dem meien den strît:
sô lise ich bluomen dâ rîfe nû lît.   10

---

54. E lässt die folgenden beiden strophen vorangehen:
*Wölt der winter schier zer gan so liez ich alle min sorge
die ich han anders hat er mir niht getan wenne daz er
lenget den lieben wan mir sol ein fraude mitten in dem
meyen enstan. Ich wünsche daz der winter zerge wenne
er en hat fraude niht me wenne kalten wint und dor zuo
regen unde sne daz tuot den augen unsanfte we selic si
gruene laup unde cle. Auf 10 folgt dann: Swaz mir nu*

55 (L. 75 25).

Diu werlt was gelf, rôt unde blâ,
grüenę in dem waldę und anderswâ:
kleine vogele sungen dâ.
nû schrîet aber diu nebelkrâ.
phliget sị iht ander varwe? jâ: 5
sist worden bleich und übergrâ.
des rimpheţ sịch vil manic brâ.

    Ich saz ûf eime grüenen lê:
dâ ensprungen bluomen unde klê
zwischen miʰr und eime sê.   10
der ougenweidę ist dâ niht mê.
dâ wir schapel brâchen ê,
dâ lît nû rîfę und ouch der snê.
daz tuot den vogelînen wê.

76 Die tôren sprechent 'snîâ snî',   15
die armen liutę 'ouwê ouwî'.
ich bin swærę alsam ein blî.
der wintersorge hân ich drî:
swaz der und der andern sî,
der wurdę ich alse schiere vrî,   20
wærę uns der sumer nâhe bî.

    E dannę ich lange lebete alsô,
den krebz woltę ich ê ezzen rô.
sumer, machę uns aber vrô:
dû zierest anger unde lô.   25
mit den bluomen spieltę ich dô,
mîn herze swebetę in sunnen hô:
daz jaget der winter in ein strô.

    Ich bin verlegen als ein sû:
mîn sleht hâr ist mir worden rû.   30
süezer sumer, wâ bistû?
jâ sæhę ich gerner veltgebû.

---

wirret des wirt allez rat swie mir der muot bi der erden
nu stat noch kummet die zit daz er in die sunnen gat
tuot man daz man mir gelobet hat owe wie hohe denne
min hertze stat. — **55.** Über dies lied vgl. Bechstein Germ.
15, 434; Giske Zfdph 15, 66; Hornemann Germ. 29, 42.
32. Vgl. Schröder Zfda 46, 90 (schwerlich richtig).

ê deich langę in solher drû
beklemmet wære als ich bin nû,
ich wurdę ê münch ze Toberlû.   35

56 (L. 114 23).

Der rîfe tet den kleinen vogelen wê,
daz si niht ensungen.
Nû hœrę ich sį aber wünneclîchę als ê,
nûst diu heidę ensprungen.
Dâ sach ich bluomen strîten wider den klê,   5
weder ir lenger wære.
mîner vrouwen seitę ich dįsiu mære.
  Uns hât der winter kalt und ander nôt
vil getân ze leide.
Ich wânde daz ich iemer bluomen rôt   10
gesæhę an grüener heide.
Jâ schadetę ez guoten liuten, wærę ich tôt,
die nâch vreuden rungen
und die gerne tanzten unde sungen.
  Versûmtę ich disen wünneclîchen tac,   15
sô wærę ich verwâzen
115 Und wære mir ein angestlîcher slac:
dennoch müesę ich lâzen
Al mîne vreude der ich wîlent phlac.
got gesegenę iuch alle: 20
wünschet noch daz mir ein heil gevalle.

57 (L. 94 11).

Dô der sumer komen was
und die bluomen durch daz gras
wünneclîchen sprungen,
aldâ die vogele sungen,
dô kom ich gegangen   5
an einen anger langen,
dâ ein lûter brunnę enspranc:
vor dem walde was sîn ganc,
dâ diu nahtegale sanc.
  Bî dem brunnen stuont ein boum: 10
dâ gesach ich einen troum.

ich was von der sunnen
entwichen zuo dem brunnen,
daz diu linde mære
mir küelen schaten bære.   15
bî dem brunnen ich gesaz,
mîner sorgen ich vergaz,
schierę entslief ich umbe daz.
  Dô bedûhte mich zehant
wie mir dienten elliu lant,   20
wie mîn sêle wære
ze himelę âne swære,
und der lîp hie solte
gebâren swie er wolte.
dâ enwas mir niht ze wê.   25
got gewaldes, swiez ergê:
schœner troum enwart nie mê.
  Gerne sliefę ich iemer dâ,
wan ein unsæligiu krâ
95 diu begonde schrîen.   30
daz alle krâ gedîen
als ich in des günne!
si nam mir michel wünne.
von ir schrîennę ich erschrac.
wan daz dâ niht steines lac.   35
sô wærę ez ir suonestac.
  Ein vil wunderaltez wîp
diu getrôste mir den lîp.
die begondę ich eiden:
nû hât si mir bescheiden   40
waz der troum bediute.
daz merket, lieben liute:
zwênę und einer daz sint drî:
dannoch seite sį mir dâ 'bî
daz mîn dûmę ein vinger sî.   45

58 (L. 43 9).

Ich hœrę iú sô vil tugende jehen,
daz iu mîn dienest iemer ist bereit.

[58. Vgl. Kraus Zfda 70, 90.]

Enhæte ich iuwer niht gesehen,
daz schadete mir an mîner werdekeit.
Nû wil ich deste tiurre sîn,   5
und bite iuch, vrouwe,   daz ir iuch underwindet mîn.
ich lebete gerne, kunde ich leben:
mîn wille ist guot, nû bin ich tump: nû sult ir mir
  'Kunde ich die mâze als ich enkan,   [die mâze geben.
sô wære et ich zer werlte ein sælic wîp.   10
Ir tuot als ein wol redender man,
daz ir sô hôhe tiuret mînen lîp.
Ich bin vil tumber dan ir sît.
waz dar umbe?   doch wil ich scheiden disen strît.
tuot allerêrst des ich iuch bite,   15
und saget mir der manne muot: sô lêre ich iuch der
  Wir wellen daz diu stætekeit   [wîbe site.'
der wîbes güete gar ein krône sî.
Kan si mit zühten sîn gemeit,
sô stêt diu lilje wol der rôsen bî.   20
Nû merket wie der linden stê
der vogele singen,   dar under bluomen unde klê:
noch baz stêt wîben werder gruoz.
ir minneclîcher redender munt   der machet daz man
                       küssen muoz.

44   'Ich sage iu wer uns wol behaget: 25
der beide erkennet übel unde guot,
Und ie daz beste von uns saget,
dem sîn wir holt, ob erz mit triuwen tuot.
Kan er ze rehte wesen vrô
und im gemuoten   ze mâze nider unde hô,   30
der mac erwerben des er gert:
welch wîp verseit im einen vadem?   guot man ist
                  guoter sîden wert.'

59 (L. 118 12).

Wer gesach ie bezzer jâr?
wer gesach ie schœner wîp?
Daz entrœstet niht ein hâr
einen unsæligen lîp.

---

59. Siehe zu 43.

Wizzet, swem der anegenget an dem morgen vruo,   5
dem gêt ungelücke zuo.
   Ich wil einer helfen klagen,
der ouch vreude zæme wol,
Daz si in alsô valschen tagen
schœne tugent verliesen sol.   10
Hie vor wære ein lant gevreut umbe ein sô schœne wîp:
waz sol der nû schœner lîp?

60 (L. 121 33).

Die grîsen hânt michs überkomen,
diu werlt gestüende trûreclîcher nie
Und hete an vreuden abe genomen.
ê streit ich zorniclîche wider sie,
Si möhtens wol gewalten,   5
ez wurde niemer wâr.
mir was ir rege swâr.
122 sus streit ich mit den alten:
die hânt den strît behalten
nû lenger dan ein jâr.   10

   Mîn ouge michel wunder siht,
diez wirs verdienen kunnen vil dan ich,
Daz den sô schœne heil geschiht.
ouwê Werlt, wie kumt ez umbe dich!
Ist got solch ebenære?   15
er gît dem einen sin,
dem andern den gewin:
sô wæne ich alsô mære
ein rîcher tôre wære
sô ich armer wîse bin.   20

   Hie vor, dô si alle wâren vrô,
dô wolte nieman hœren mîne klage:
Nû ist sumelîchen sô
daz si mir wol gelouben swaz ich sage.
Nû müeze got erwenden   25
unser arebeit,
und gebe uns sælikeit,
daz wir die sorge swenden.

ouwê möhtẹ ichz verenden!
ich hân ein sunderleit.   30

61 (L. 90 15).

Ane liep sô manic leit,
wer möhte daz erlîden iemer mê?
Wærẹ ez niht unhövischeit,
sô woltẹ ich schrîen 'sê, gelücke, sê!'
Gelücke daz enhœret niht   5
und selten ieman gerne siht,
swer triuwe hât.
ist ez alsô, wie sol mîn iemer werden rât?
    Wê wie jâmerlîch gewin
vor mînen ougen tegelîchen vert!   10
Daz ich sus ertôret bin
an mîner zuht, und mir daz nieman wert!
Mit den getriuwen alten siten
ist man zer werlte nû versniten.
êrẹ unde guot   15
hât nû lützel ieman wan der übele tuot.
    Daz die man als übele tuont,
dast gar der wîbe schult: daz ist alsô.
Dô ir muot ûf êre stuont,
dô was diu werlt ûf ir genâde vrô.   20
Hei wie wol man in dô sprach,
dô man die vuogẹ an in gesach!
nû siht man wol
daz man ir minne mit unvuogẹ erwerben sol.
91   Lât mich zuo den vrouwen gân: 25
sô ist daz mîn aller meiste klage,
Sô ich ie mêre zühte hân,
sô ich ie minre werdekeit bejage.
Si swachent wol gezogenen lîp:
ez ensî ein wol bescheiden wîp: 30
der meinẹ ich niht:
diu schamt sich des, swâ iemer wîbes schame geschiht.
    Reiniu wîp und guote man,
swaz der lebe, die müezen sælic sîn.

[**61**. Vgl. Kraus Germanica für Siewers s. 517.]

Swaz ich den gedienen kan,   35
daz tuon ich, daz si gedenken mîn.
Hie mite sô künde ich in daz:
diu werlt enstê dan schiere baz,
sô wil ich leben
sô ich beste mac und mînen sanc ûf geben.   40

62 (L. 44 35).

Die herren jehent, man sülz den vrouwen
wîzen daz diu werlt sô stê.
si sehent niht vrœlich ûf als ê,
sı wellent alze nider schouwen.
45 Ich habe ouch die rede gehœret: 5
si sprechent, daz in vreude stœret,
si sîn mê dan halbe verzaget
Beidiu lîbes unde guotes,
nieman helfe in hôhes muotes.
wer sol rihten? hiest geklaget.   10
    Mîn vrouwe wil ze vrevellîche
schimphen, ich habe ûz gelobet.
si tumbet, ob si niht entobet.
jô enwart ich lobes noch nie sô rîche:
Torste ich vor den wandelbæren,   15
sô lobete ich die ze lobenne wæren.
des enhabe deheinen muot,
Ich engelobe si niemer alle,
swiez den lôsen missevalle,
sie enwerden alle guot.   20
    Ich weiz si diu daz niht ennîdet,
daz man nennet reiniu wîp.
sô rehte reine sôst ir lîp,
daz si der guoten lop wol lîdet.
Er engap ir niht ze kleine,   25
der si geschuof, schœne unde reine.
der diu zwei zesamene slôz,
Wie gevuoge er kunde sliezen!
er solte iemer bilde giezen,
der daz selbe bilde gôz.   30
    Sich krenkent vrouwen unde phaffen,

daz si sich niht scheiden lânt.
die den verschamten bî gestânt,
die wellent lîhte ouch mit in schaffen.

. . . .   35

. . . .

wê daz zwêne als edele namen
Mit den schamelôsen werbent!
sicherlîche si verderbent,
si enwellens sich erschamen.   40

63 (L. 47 36).

Zwô vuoge hân ich doch, swie ungevüege ich sî:
der hân ich mich von kinde her vereinet.
48 Ich bin den vrôn bescheidenlîcher vreude bî,
und lache ungerne sô man bî mir weinet.
Durch die liute bin ich vrô,   5
durch die liute wil ich sorgen:
ist mir anders dan alsô,
waz dar umbe? ich wil doch borgen.
swie si sint sô wil ich sîn,
daz si niht verdrieze mîn.   10
manegem ist unmære
swaz einem andern werre: der sî ouch bî den liuten
                                         swære.
Hie vor, dô man sô rehte minneclîchen warp,
dô wâren mîne sprüche vreuden rîche:
Sît daz diu minneclîche minne alsô verdarp,   15
sît sanc ouch ich ein teil unminneclîche.
Iemer als ez danne stât,
alsô sol man danne singen.
swenne unvuoge nû zergât,
sô singe aber von hövischen dingen.   20
noch kumt vreude und sanges tac:
wol im, ders erbeiten mac!
derz gelouben wolte,
sô erkande ich wol die vuoge,   wenne und wie man
                                         singen solte.
Ich sage iu waz uns den gemeinen schaden tuot: 25
diu wîp gelîchent uns ein teil ze sêre.

Daz wir in alsô liep sîn übel alse guot,
seht, daz gelîchen nimt uns vreudę und êre.
Schieden uns diu wîp als ê,
daz si sich ouch liezen scheiden,   30
daz gevrumtę uns iemer mê,
mannen unde wîben, beiden.
waz stêt übele, waz stêt wol,
sît man uns niht scheiden sol?
edeliu wîp, gedenket   35
daz ouch die man waz kunnen: gelîchent sị iuch, ir sît
                                gekrenket.

Wîp muoz iemer sîn der wîbe hœhste name,
und tiuret baz dan vrouwę, als ichz erkenne.
49 Swâ nû deheiniu sî diu sich ir wîpheit schame,
diu merke disen sanc und kiese denne.   40
Under. vrouwen sint unwîp,
Under wîben sint si tiure.
wîbes namę und wîbes lip
die sint beide vil gehiure.
swiez umbę alle vrouwen var,   45
wîp sîn alle vrouwen gar.
zwîvellop daz hœnet,
als under wîlen vrouwe: wîp dêst ein name der sị alle
                          krœnet.

Ich sanc hie vor den vrouwen umbę ir blôzen gruoz:
den nam ich wider mîme lobe ze lône.   50
Swâ ich des geltes nû vergebene warten muoz,
dâ lobę ein ander, den si grüezen schône.
Swâ ich niht verdienen kan
einen gruoz mit mîme sange,
dar kêrę ich vil hêrscher man   55
mînen nac oder ein mîn wange.
daz kît 'mir ist umbe dich
rehtę als dir ist umbe mich.'
ich wil mîn lop kêren
an wîp die kunnen danken: waz hân ich von den
                           überhêren?   60

64 (L. 41 13).

Ich bin als unschedelîche vrô,
daz man mir wol ze lebene gan.
Tougenlîche stât mîn herze hô:
waz touc zer werlte ein rüemic man?
Wê den selben die sô manegen schœnen lip　　　　5
habent ze bœsen mæren brâht!
wol mich, daz ichs hân gedâht!
ir sult si mîden, guotiu wîp.

　Ich wil guotes mannes werdekeit
vil gerne hœren unde sagen.　　　　　　　　10
Swer mir anders tuot, daz ist mir leit:
ich wilz ouch allez niht vertragen.
Rüemære unde lügenære, swâ die sîn,
den verbiute ich mînen sanc,
und ist âne mînen danc,　　　　　　　　　15
ob si alsô vil geniezen mîn.

　Maneger trûret, dem doch liep geschiht:
ich hân aber iemer hôhen muot,
Und enhabe doch herzeliebes niht.
daz ist mir alsô lîhte guot.　　　　　　　　20
Herzeliebes, swaz ich des noch ie gesach,
dâ was herzeleide bî.
liezen mich gedanke vrî,
sô enwiste ich niht umbe ungemach.

　Als ich mit gedanken irre var,　　　　　25
sô wil mir maneger sprechen zuo:
42 Sô swîge ich und lâze in reden dar.
waz wil er anders daz ich tuo?
Hete ich ougen oder ôren danne dâ,
sô kunde ich die rede verstân:　　　　　　30
swenne ich beider niht enhân,
sô enkan ich nein, sô enkan ich jâ.

　Ich bin einer der nie halben tac
mit ganzen vreuden hât vertriben.
Swaz ich vreuden ie dâ her gephlac,　　　　35
der bin ich eine hie beliben.
Nieman kan hie vreude vinden, si zergê
sam der liehten bluomen schîn:

dâ von sol daz herze mîn
niht senen nâch valschen vreuden mê.   40

65 (L. 111 22).

Ein man verbiutet âne phliht
ein spil, des nieman im wol volge geben mac.
Er gihet, swennę ein wîp ersiht
sîn ouge, ir sî mat sîn ôsterlicher tac.
Wie wærę uns andern liuten sô geschehen,   5
solte wir im alle sînes willen jehen?
ich bin der imz versprechen muoz:
bezzer wære mîner vrouwen senfter gruoz.
deist mates buoz.
    'Ich bin ein wîp dâ her gewesen   10
sô stætę an êren und ouch alsô wol gemuot:
Ich trûwę ouch noch vil wol genesen,
daz mir mit stelne nieman keinen schaden tuot.
Swer küssen hie ze mir gewinnen wil,
der werbę aber ez mit vuogę und anderm spil.   15
ist daz ez im wirt sus iesâ,

---

65. Parodie zweier strophen Reinmars: 1 (MF 159, 1)
*Ich wirbe umb allez daz ein man ze werltlîchen vreuden
iemer haben sol. daz ist ein wîp der ich enkan. nâch ir
vil grôzen werdekeit gesprechen wol. lob ich sie sô man
ander vrouwen tuot, dazn nimet eht si von mir niht vür
guot. doch swer ich des, sist an der stat dâs ûz wiplîchen
tugenden nie vuoz getrat. daz ist in mat.* 2 (MF 159, 37)
*Und ist daz mirs mîn sælde gan   deich ab ir redendem
munde ein küssen mac versteln, gît got deichz mit mir
bringe dan, sô wil ichz tougenlîche tragen und iemer
heln. und ist daz siz vür grôze swære hât und vêhet mich
durch mîne missetât, waz tuon ich danne, unsælic man? dâ
hebe ichz ûf und legez hin wider dâ ichz dâ nam, als ich
wol kan.* Ausserdem bezieht sich Walther auf ein anderes
lied Reinmars, in welchem die zeile vorkommt (MF 170, 19)
si ist mîn ôsterlicher tac. Er scheint die äusserungen Rein-
mars nicht genau im gedächtnis gehabt zu haben, denn die
parodie passt nicht recht. Vielleicht ist in z. 4 zu lesen
daz daz sî sîn ôsterlicher tac. Als erwiderung Reinmars
auf Walthers angriff ist vielleicht zu fassen MF 197, 3: *Waz
unmâze ist daz, ob ich des hân gesworn daz si mir lieber
sî dan elliu wîp?* [Vgl. Kraus, Reinmar 3, 6.]

112 er muoz sîn iemer sîn mîn diep, und habẹ imz dâ
und anderswâ.'

66 (L. 64 31).

Ouwê, hovelîchez singen,
daz dich ungevüege dœne
Solten ie ze hove verdringen!
daz die schiere got gehœne!
Ouwê daz dîn wirdẹ alsô geliget!   5
des sint alle dîne vriundẹ unvrô.
daz muoz eht alsô sîn: nû sî alsô:
vrô Unvuogẹ, ir habet gesiget.

65 Der uns vrcude wider bræhte,
diu reht und gevüege wære,   10
Hei wie wol man des gedæhte
swâ man von im seite mære!
Ez wærẹ ein vil hovelîcher muot,
des ich iemer gerne wünschen sol:
vrouwen unde herren zæmẹ ez wol: 15
ouwê daz ez nieman tuot!

Die daz rehte singen stœrent,
der ist ungelîche mêre
Danne die ez gerne hœrent:
noch volgẹ ich der alten lêre: 20
Ich enwil niht werben zuo der mül,
dâ der stein sô riuschende umbe gât
und daz rat sô manege unwîse hât.
merket wer dâ harphen sül.

Die sô vrevellîchen schallent,   25
der muoz ich vor zorne lachen,
Daz sị in selben wol gevallent
mit als ungevüegen sachen.
Die tuont sam die vröschẹ in eime sê,
den ir schrîen alsô wol behaget,   30

---

66. Unter den *ungevüegen dœnen*, gegen welche sich
dies lied wendet, werden trotz Lachmanns widerspruch die
tanzweisen Neidhards von Reuental zu verstehen sein, die
eine kunstmässige, zum teil parodierende nachbildung der
bäurischen tanzlieder waren.

daz diu nahtegal dâ von verzaget,
sô si gerne sunge mê.

Swer unvuoge swîgen hieze,
waz man noch von vreuden sunge!
Und si abe den bürgen stieze,   35
daz si dâ die vrôn niht twunge.
Wurden ir die grôzen höve benomen,
daz wærẹ allez nâch dem willen mîn.
bi den gebûren liezẹ ich si wol sîn:
dannen ist sị ouch her bekomen.   40

67 (L. 8 4).

8 28 I ch hôrtẹ ein wazzer diezen
     und sach die vische vliezen,

67. 1. Der spruch ist gedichtet, nachdem Philipp von
Schwaben als kandidat für die deutsche königskrone auf-
getreten war, aber vor seiner krönung. Am 15. februar 1198
erklärte sich derselbe in Nordhausen zur annahme einer
wahl bereit (Winkelmann, Philipp von Schwaben und Otto
der IV. 1, **66**), am 8. märz ward er zu Mühlhausen gewählt
(ebenda **69**), am 8. september zu Mainz gekrönt. Genauer
setzt Burdach (Walther s. **217**) den spruch in die letzten
tage des juni, dagegen Wilmanns (Zfda 45, **427**) noch vor
die wahl Philipps. Die *armen künege* in z. 23 hat man
früher immer auf die gegenkandidaten bezogen, von denen
sich keiner in bezug auf reichtum mit Philipp messen
konnte (vgl. Winkelmann 1, **50** und **66** anm. 1). Dabei
macht es allerdings eine schwierigkeit, dass dieselben
(Berthold von Zähringen, Bernhard von Sachsen, Otto von
Poitou) nach einander, nicht gleichzeitig aufgestellt sind.
Eine andere deutung ist vorgebracht von Roethe Zfda 44,
116 und von Burdach, der dieselbe in der zweiten unter-
suchung seines Waltherbuches sehr eingehend zu begrün-
den versucht. Beide nehmen an, dass unter den armen
königen wie in lateinischen quellen unter *reguli* die als
dem kaiser untergeordnet gedachten, dem reiche benach-
barten könige zu verstehen seien. Gegen diese von vielen
beifällig aufgenommene ansicht spricht aber, dass eine
solche hineinziehung des auslandes im vorhergehenden auf
keine weise vorbereitet ist, und namentlich der deutliche
gegensatz zwischen *Philippe setze en weisen ûf* und *heiz
si treten hinder sich,* wodurch letzteres als ein zurück-
treten von dem anspruch auf die krone gekennzeichnet ist,

ich sach swaz in der werlte was,
velt walt loup rôr unde gras.

swaz kriuchet unde vliuget   5
und bein zer erde biuget,
daz sach ich, unde sage iu daz:
der keinez lebet âne haz.

daz wilt und daz gewürme
9 die strîtent starke stürme,   10
sam tuont die vogele under in,
wan daz si habent einen sin:
si dûhten sich ze nihte,
si enschüefen starc gerihte.
si kiesent künege unde reht,   15
si setzent herren unde kneht.

sô wê dir, tiuschiu zunge,
wie stêt dîn ordenunge!
daz nû diu mücke ir künec hât,
und daz dîn êre alsô zergât.   20
bekêrâ dich, bekêre.
die zirkel sint ze hêre,
die armen künege dringent dich:
Philippe setze en weisen ûf,   und heiz si treten hinder
                                        [sich.

---

so dass es sehr begreiflich ist, dass früher niemand auf eine
andere auffassung gekommen ist (vgl. auch Symons,
Album Kern s. 183). Die *zirkel* in z. 22 sind bisher als die
stirnreife der deutschen fürsten gefasst, so auch noch von·
Burdach a. a. o. Dagegen bezieht sie derselbe in den Sitz.-
ber. der berliner akad. 1902 s. 897 auf die kronen der aus-
ländischen könige, indem er behauptet, dass die reichs-
fürsten um diese zeit noch keine stirnreife getragen hätten.
Gegen diese behauptung vgl. Dieterich Lit.-bl. 1903 s. 279.

25. Das gedicht ist einige zeit nach dem banne des
papstes Innocenz III. über Philipp entstanden, der am
29. juni 1201 durch den kardinal Guido von Präneste zu
Köln verkündet wurde (vgl. O. Abel Zfda 9, 138). Es gibt
eine kurze übersicht über den gang des kampfes zwischen
Otto und Philipp, die mit den beiden königen in z. 30
gemeint sind (anders Abel, der darunter Philipp und
Friedrich versteht).

9 16 Ich sach mit mînen ougen   25
     manne und wîbe tougen,
     daz ich gehôrte und gesach
     swaz ieman tet, swaz ieman sprach.
     ze Rôme hôrte ich liegen
     und zwêne künege triegen.   30
     dâ von huop sich der meiste strît
     der ê was oder iemer sît,
     dô sich begunden zweien
     die phaffen unde leien.
     daz was ein nôt vor aller nôt: 35
     lîp unde sêle lac dâ tôt.
     die phaffen striten sêre:
     doch wart der leien mêre.
     diu swert diu leiten si dernider,
     und griffen zuo der stôle wider: 40
     si bienen die si wolten,
     und niht dén sie solten.
     dô stôrte man diu goteshûs.
     ich hôrte verre in einer klûs
     vil michel ungebære: 45
     dâ weinte ein klôsenære,

---

41. *die si wolten* Philipp und seine anhänger, 42. *den si solten* Otto. 46. Der *klôsenære* erscheint noch 75 40 und 79 73 als vertreter der schlichten frömmigkeit, die von der geistlichkeit verlangt, dass sie lediglich auf das geistige wohl der kirche bedacht sei und sich nicht in weltliche angelegenheiten einmische. Es ist dabei gewiss an keine bestimmte persönlichkeit zu denken, wie von J. Grimm und von Opel in seiner schrift *Mîn guoter klôsenære* (Halle 1860) angenommen ist. Verfehlt ist auch H. Domanig, Der *Klôsenære* Walthers von der Vogelweide, Paderborn 1889 (vgl. Behaghel Germ. **35**, 199). S. jetzt auch Schönbach, Beitr. zur erkl. altd. dichtw. 2, 3 [und Burdach Zfdph **60**, 313]. 49. Die schilderung der zustände passt nicht bloss auf die zeit kurz nach dem tode Heinrichs VI., in die man den spruch gewöhnlich setzt, sondern eben so gut auf die spätere des kampfes zwischen Philipp und Otto. In der im anfang geschilderten stellung ist Walther in der pariser und weingartner handschrift abgebildet.

er klagete gote siniu leit:
'ouwê der bâbest ist ze junc: hilf, herre, dîner
84 Ich saz ûf eime steine   [kristenheit.'
und dahte bein mit beine: 50
dar ûf sazte ich den ellenbogen:
ich hete in mîne hant gesmogen
daz kinne und ein min wange.
dô dâhte ich mir vil ange,
wie man zer werlte solte leben: 55
deheinen rât kunde ich gegeben,
wie man driu dinc erwurbe,
der keinez niht verdurbe.
diu zwei sint êre und varnde guot,
daz dicke ein ander schaden tuot: 60
daz dritte ist gotes hulde,
der zweier übergulde.
die wolte ich gerne in einen schrîn.
jâ leider des enmac niht gesîn,
daz guot und werltlîch êre   65
und gotes hulde mêre
zesamene in ein herze komen.
stîge unde wege sint in benomen:
untriuwe ist in der sâze,
gewalt vert ûf der strâze: 70
vride unde reht sint sêre wunt.
diu driu enhabent geleites niht.   diu zwei enwerden
[ê gesunt.

68 (L. **18** 29).

Diu krône ist elter dan der künec Philippes sî:
dâ muget ir alle schouwen wol ein wunder bî,
wie si ime der smit sô ebene habe gemachet.
Sîn keiserlîchez houbet zimt ir alsô wol,
daz si ze rehte nieman guoter scheiden sol: 5
ir dewederz daz ander niht enswachet.
Si liuhtent beide ein ander an,

---

68 1 bezieht sich höchst wahrscheinlich auf die erste
krönung Philipps (zweifelhaft ob 15. august oder 8. septem-
ber 1198). Die schilderung deutet auf anwesenheit Walthers.
13. Friedrich starb am 15. oder 16. april 1198 in Palästina.

daz edel gesteine wider den jungen süezen man:
19 die ougenweide sehent die vürsten gerne.
    swer nû des rîches irre gê,   10
    der schouwe wem der weisę ob sîme nacke stê:
    der stein ist aller vürsten leitesterne.
29 Dô Friderîch ûz Ôsterrîchę alsô gewarp,
    daz er an der sêle genas und im der lîp erstarp,
    dô vuortę er mînen kranechen trit in derde.   15
    Dô gienc ich slîchendę als ein phâwe swar ich gie,
    daz houbet hanctę ich nider unz ûf mîniu knie:
    nû rihtę ich ez ûf nâch vollem werde.
    Ich bin wol ze viure komen,
    mich hât daz rîchę und ouch diu krônę an sich   20
    wol ûf, swer tanzen welle nâch der gîgen!   [genomen.
20 mir ist mîner swære buoz:
    êrste wil ich ebene setzen mînen vuoz
    und wider in ein hôchgemüete stîgen.

19 5 Ez gienc, eins tages als unser herre wart geborn   25
    von einer maget die er im ze muoter hâtę erkorn,
    ze Megedeburc der künec Philippes schône.
    Dâ gienc eins keisers bruoder und eins keisers kint
    in einer wât, swie doch die namen drîe sint:
    er truoc des rîches zepter und die krône.   30
    Er trat vil lîse, im was niht gâch:
    im sleich ein hôchgeborniu küneginne nâch,
    rôsę âne dorn, ein tûbe sunder gallen.
    diu zuht was niener anderswâ:
    die Düringę und die Sahsen dienten alsô dâ,   35
    daz ez den wîsen muoste wol gevallen.

---

    20. *daz rîche und ouch diu krône]* gemeint ist könig
Philipp. **25** bezieht sich auf die weihnachtsfeier im jahre
1199, vgl. Winkelmann 1, 148. **29.** Die drei namen sind
künec, keisers, bruoder, keisers kint. **33.** Attribute, die
sonst der jungfrau Maria gegeben werden, legt der dichter
hier der gemahlin Philipps bei, weil sie in Deutschland den
namen Maria führte, was sich anderweitig erst seit dem
jahre 1208 nachweisen lässt. Sie war die tochter des byzan-
tinischen kaisers Isaak, und ihr eigentlicher name war

17 Philippes künec, die nàhe sehenden zîhent dich,
   dû ensîst niht dankes milte: des bedunket mich
   wie dû dâ mite verliesest michels mêre.
   Dû möhtest gerner dankes geben tûsent phunt   40
   dan drîzec tûsent âne danc.   dir ist niht kunt
   wie man mit gâbe erwirbet prîs und êre.
   Denke an den milten Salatîn:
   der jach daz küneges hende dürkel solten sîn:
   sô wurden si ervorht und ouch geminnet.   45
   gedenke an den von Engellant,
   wie tiure er wart erlôst von sîner gebenden hant.
   ein schade ist guot, der zwêne vrumen gewinnet.
20 Der in den ôren siech von ungesühte sî,
   daz ist mîn rât, der lâz den hof ze Düringen vrî: 50
   wan kumt er dar, dêswâr er wirt ertœret.
   Ich hân gedrungen unz ich niht mê dringen mac.
   ein schar vert ûz, diu ander in, naht unde tac.
   grôz wunder ist daz ieman dâ gehœret,
   Der lantgrâve ist sô gemuot   55
   daz er mit stolzen helden sîne habe vertuot,

Irene. **37.** An freigebigkeit liess es Philipp nach den son-
stigen zeugnissen, die wir darüber haben, nicht fehlen.
Wenn es Walther hier und **70** a 1 noch nötig findet, ihn
dazu zu ermahnen, so muss er starke ansprüche gestellt
haben. Er vertritt dabei die allgemeinen anschauungen
der dichter des mittelalters, für die masslose freigebigkeit
zum idealbilde eines fürsten gehört. Übrigens ist der rat
beide mal ganz allgemein gehalten und nirgends an-
gedeutet, dass Walther für sich selbst oder für einen be-
stimmten fürsten grössere freigebigkeit beansprucht.
   46. Richard Löwenherz ist gemeint, der für ein Lösegeld
von 150 000 mark aus der gefangenschaft Heinrichs VI. be-
freit wurde. Er war das ideal der spielleute seiner Zeit.
Roger von Hoveden sagt von ihm: *de regno Francorum
cantores et joculatores muneribus allexerat, ut de illo
canerent in plateis; et jam dicebatur ubique, quod non erat
talis in orbe.* **49.** Vgl. einleitung. Von einer klage des
dichters, dass sein anklopfen am thüringischen hofe nichts
helfe (vgl. Lachmanns anm.), steht nichts in der strophe.
52. Über das *dringen* bei hofe vgl. R. Hildebrand Germ. 10,

der iegeslîcher wol ein kemphe wære.
mir ist sîn hôhiu vuore kunt:
und gultę ein vuoder guotes wînes tûsent phunt,
dâ stüendę ouch niemer ritters becher lære.   60

69 (L. 20 16. 148).

25 26 Ob ieman spreche, der nû lebe,
daz er gesæhę ie grœzer gebe,
als wir zu Wiene haben durch êrę emphangen?
Man sach den jungen vürsten geben,
als er niht langer wolte leben :   5
dâ wart mit guote wunders vil begangen.
Man gap dâ niht bî drîzec phunden,
wan silber, als ez wære vunden,
gap man hin und rîche wât.
ouch hiez der vürste durch der gernden hulde   10
die stelle von den märhen læren.
ors, als ob ez lember wæren,
vil maneger dan gevüeret hât.

26 ez engalt dâ nieman sîner alten schulde:
daz was ein minneclîcher rât.   15

20 31 Mir ist verspart der sælden tor:

---

143. 69 1. Zu diesem tone vgl. Roethe Zfda 57, 130, dessen
willkürlichen textänderungen ich nicht folgen kann. Die
erste strophe bezieht sich auf ein grosses fest in Wien,
vielleicht den ritterschlag Leopolds VII. (28. mai 1200),
wozu der ausdruck *den jungen vürsten* am besten passt;
Leopold war damals 24 jahre alt. Ausserdem kann aber
auch die vermählungsfeier Leopolds im november 1203 in
betracht kommen, um welche zeit sich Walther nach aus-
weis der reiserechnungen Wolfgers sicher in Östreich
aufhielt. Anderer ansicht sind Simrock und Nagele
(Germ. 24, 162).
1. Vgl. Bech Germ. 32, 117 und Wallner Zfda 39, 429.
Anders H. Fischer ebenda 49, 157. 14. Walther spielt hier
wol auf sein eigenes früheres vergehen gegen den herzog
an, vgl. einleitung. 16. Diese und die folgende strophe
sind nicht datierbar. Schwerlich aber sind sie verfasst, be-
vor Walther überhaupt von Wien geschieden war, eher bei
einem späteren besuche, und zwar beide wohl nicht bei
dem gleichen.

dâ stên ich als ein weise vor:
mich hilfet niht swaz ich dar an geklophe.
Wie möhtę ein wunder grœzer sîn?
ez regent bêdenthalben mîn,   20
daz mir des alles niht ęnwirt ein trophe,
21 Des vürsten miltę ûz Österrîche
vreut dem süezen regen gelîche
beidiu liutę und ouch daz lant.
erst ein schœne wol gezieret heide,   25
dar abe man bluomen brichet wunder.
und bræche mir ein blat dar under
ein vil milte rîchiu hant,
sô möhtę ich loben die liehten ougenweide.
hie bî sî er an mich gemant.   30
24 33 Der hof ze Wiene sprach ze mir:
'Walther, ich solte lieben dir,
nû leidę ich dir: daz müeze got erbarmen.
Mîn wirde diu was wîlent grôz:
dô lebete niender mî genoz,   35
25 wan künec Artûses hof: sô wê mir armen!
Wâ nû ritter unde vrouwen,
die man bî mir solte schouwen?
seht wie jâmerlîch ich stê.
mîn dach ist vûl, sô rîsent mîne wende.   40
mich enminnet nieman leider.
golt silber ros und dar zuo kleider
diu gap ich, unde hâtę ouch mê:
nû enhabę ich weder schapel noch gebende
noch vrouwen zeinem tanzę, ouwê!'   45
11 Künec Constantîn der gap sô vil,

---

46 gehört wahrscheinlich in das jahr 1213. *Der phaffen wal* z. 57 ist die wahl Friedrichs II., die am 5. dezember 1212 zu Frankfurt stattfand, nachdem sie bereits auf einer versammlung zu Nürnberg im september 1211 beschlossen war. Hierzu war die anregung durch ein manifest des papstes gegeben (vgl. Winkelmann 2, 255). Friedrich wird von seinen gegnern als pfaffenkönig *(rex presbyterorum)* verspottet und bezeichnet sich selbst als könig von gottes und des papstes gnaden. Lachmann be-

als ich ez iu bescheiden wil,
dem stuol ze Rôme, sper kriuzẹ unde krône.
Zehant der engel lûte schrê:
'ouwê, ouwê, zem dritten wê!   50
ê stuont diu kristenheit mit zühten schône:
Der ist nû ein gift gevallen,
ir honec ist worden zeiner gallen.
daz wirt der werlt her nâch vil leit.'
alle vürsten lebent nû mit êren,   55
wan der hœhste ist geswachet:
daz hât der phaffen wal gemachet.
daz sî dir, süezer got, gekleit.
die phaffen wellent leien reht verkêren.
der engel hât uns wâr geseit.   60
21 25   Nû wachet! uns gêt zuo der tac,
gein dem wol angest haben mac
ein ieglîch kristen, juden unde heiden.
Wir hân der zeichen vil gesehn,
dar an wir sîne kunft wol spehen,   65

---

zieht in den späteren ausgaben *der pfaffen wal* auf die
wahl Ottos IV. (vgl. auch Burdach s. 48), an der aber der
papst gar nicht beteiligt war, Wilmanns auf die entschei-
dung des papstes zu gunsten Ottos IV. im jahre 1201, die
aber doch nicht als eine wahl bezeichnet werden kann. —
Haupt vergleicht eine randbemerkung in einer Wiener
handschrift von einer hand des 13. jahrh.: *Legitur, quod eo
die, quo a Constantino dotata est ecclesia, audita est vox
angelica, dicens 'hodie infusum est venenum in ecclesia,
quia major est dignitate et minor religione'*. Eine im
wesentlichen übereinstimmende stelle aus der Summa de
vitiis et virtutibus des Wilhelm Peraldus führt Schönbach
(Beitr. 2, 22) an. Vgl. ferner Herbort v. Fritzlar (Pfeiffers
Mystiker 1, 43, 39): *dô wart ein stimme gehôrt uber allez
Rôme, di sprach: hûte ist di galle und di vergift gegozzen
in di heiligen kristenheit, und wizzet, daz diz ist noch ein
wurzele und ein gruntfeste alles krîges zwischen den
bêbisten und den keisern*. Die schenkung Constantins
wird auch 79 69 als unheilvoll bezeichnet. Man vergleiche
die pläne auf die kirchengüter, welche dem kaiser Otto IV.
zugeschrieben wurden (Winkelmann 2, 293).

    61. Über die datierung vgl. Zarncke Beitr. 7, 597.

als uns diu schrift mit wârheit hât bescheiden.
Diu sunne hât ir schîn verkêret,
untriuwę ir sâmen ûz gerêret
allenthalben zuo den wegen:
der vater bî dem kindę untriuwe vindet,   70
der bruoder sînem bruoder liuget:
geistlîch leben in kappen triuget,
die uns ze himele solten stegen:
22 gewalt gêt ûf, reht vor gerihte swindet.
wol ûf! hie ist zu vil gelegen.   75
148 1 Ich hœre des die wîsen jehen,
daz ein gerihte sül geschehen,
daz nie deheinez mê wart alsô strenge.
der rihtære sprichet sâ zehant:
'gilt âne borc und âne phant.'
dâ wirt des mannes rât viel kurz und enge.
Daz hilf mir, vrouwe, hie besorgen,
sît daz dort nieman wil borgen,
durch die hœhsten vreude dîn,
die dir der heiligę engel zôren brâhte,   85
dô er die ze tragenne kunte
dâ von sich dîn vreudę erzunte
und unser werndez heil sol sîn.
der dir der vreude von alrêrste gedâhte,
des trôst sî an dem ende mîn.   90
21 10 Ouwê dir, Werlt, wie übel dû stêst!

Zarncke bestimmt die sonnenfinsternis, auf die z. 67 an-
gespielt wird, nach astronomischen berechnungen als die
vom **27.** novemebr 1201. Es sind dabei aber nur die ver-
finsterungen bis zum jahre 1207 in betracht gezogen. Die
möglichkeit, dass der spruch einer späteren zeit angehört,
darf nicht ohne weiteres von der hand gewiesen werden.
Burdach (s. 48) sucht spezielle beziehungen, ohne dass sei-
nen ausführungen überzeugungskraft innewohnt. Über-
haupt enthält der spruch keine anspielung auf bestimmte
einzelne vorgänge, auch keine politische parteinahme, z. 75
nimmt die mahnung von z. 61 wieder auf: man soll nicht
länger zögern, sich auf den jüngsten tag vorzubereiten.
    76 ist nur in r überliefert, daher die echtheit nicht
zweifellos.

waz dinge dû alzan begêst,
diu von dir sint ze lîdennę ungenæme!
Dû bist vil nâch gar âne scham.
got weiz wol, ich bin dir gram: 95
dîn art ist elliu worden widerzæme.
Waz êren hâst uns her behalten?
nieman siht dich vreuden walten,
als man ir doch wîlent phlac.
wê dir, wes habent diu milten herzę engolten?   100
vür diu lobet man die argen rîchen.
Werlt, dû stêst sô lasterlîchen,
daz ichz niht betiuten mac.
triuwę und wârheit sint vil gar bescholten:
daz ist ouch aller êren slac.   105

23 11 Ez troumte, des ist manic jâr,
ze Babilône, daz ist wâr,
dem künegę, ez würde bœser in den rîchen.
Die nû ze vollen bœse sint,
gewinnent die noch bœser kint,   110
jâ herre got, wem sol ich diu gelîchen?
Dèr tievel wære mir niht sô smæhe,
quæmę er dar dâ ich in sæhe,
sam des bœsen bœser barn.
von dér geburt enkumt uns vrum noch êre.   115
die sich selben sô verswachent
und ir bôsen bœser machent,
ânę erben müezen si vervarn.
daz tugendelôser herren werdę iht mêre,
daz soltû, herre got, bewarn.   120

26 Die veter habent ir kint erzogen,
dar an si bêde sint betrogen:
si brechent dicke Salomônes lêre.
Der sprichet, swer den besemen spar,
daz der den sun versûme gar: 125
des sint die ungeberten gar ânę êre.
Hie vor dô was diu werlt sô schœne,

---

106. Gemeint ist der traum Nebukadnezars, Daniel 2,1.
123. Sprüche Salomonis 13, 24.

nû ist si worden alsô hœne:
des enwas niht wîlent ê:
die jungen habent die alten sô verdrungen.   130
nû spottet alsô dar der alten!
ez wirt iu selben noch behalten:
beitet unz iuwer jugent zergê:
24 swaz ir in tuot, daz rechent iuwer jungen.
daz weiz ich wol und weiz noch mê.   135

3 Wer zieret nû der êren sal?
der jungen ritter zuht ist smal:
sô phlegent die knehte gar unhövescher dinge,
Mit worten, und mit werken ouch:
swer zühte hât, der ist ir gouch.   140
nemt war wie gar unvuoge vür sich dringe.
Hie vor dô berte man die jungen,
die dâ phlâgen vrecher zungen:
nû ist ez ir werdekeit.
si schallent unde scheltent reine vrouwen.   145
wê ir hiuten und ir hâren,
die niht kunnen vrô gebâren
sunder wîbe herzeleit!
dâ mac man sünde bî der schande schouwen,
die maneger ûf sich selben leit.   150

22 3 Swer ân vorhte, herre got,
wil sprechen dîniu zehen gebot,
und brichet diu, daz ist niht rehtiu minne.
Dich heizet vater maneger vil:
swer mîn ze bruoder niht enwil,   155
der spricht diu starken wort ûz krankem sinne.
Wir wahsen ûz gelîchem dinge:
spîse vrumt uns, diu wirt ringe,
sô si durch den munt gevert.
wer kan den herren von dem knehte scheiden,   160
swâ er ir gebeine blôzez vünde,
'hetẹ er ir joch lebender künde,
sô gewürme 'z vleisch verzert?
im dienent kristen, juden unde heiden,
der elliu lebenden wunder nert.   165
18 Swer houbetsündẹ und schande tuot

5*

mit sîner wizzendę umbe guot,
sol man den vür einen wîsen nennen?
Swer guot von disen beiden hât,
swerz an im weiz und sichs verstât,   170
der sol in zeinem tôren baz erkennen.
Der wîse minnet niht sô sêre,
alsam die gotes huldę und êre:
sîn selbes lîp, wîp unde kint,
diu lât er ê er disiu zwei verliese,   175
er torę, er dunket mich niht wîse,
und ouch der sîn êre prîse:
ich wæne si beide tôren sint.
er gouch, swer |vür diu zwei ein anderz kiese!
der ist an rehten witzen blint.   180

33 Junc man, in swelher ahte dû bist,
ich wil dich lêren einen list.
dû lâ dir niht ze wê sîn nâch dem guote,
Lâ dirz ouch niht zunmære sîn.
und volgestû der lêre mîn,   185
23 sô wis gewis, ez vrumt dir an dem muote.
Die rede wil ich dir baz bescheiden.
lâstû dirz ze sêre leiden,
zergêt ez, sôst dîn vreude tôt:
wilt aber dû daz guot ze sêre minnen,   190
dû maht verliesen sêlę und êre.
dâ von volge mîner lêre,
legę ûf die wâgę ein rehtez lôt,
und wic ouch dar mit allen dînen sinnen,
als ez diu mâzę uns ie gebôt.   195

20 16 Waz wunders in der werlte vert!
wie manic gâbe uns ist beschert
von dem der uns ûz nihte hât gemachet!
Dem einen gît er schœnen sin,
dem andern guot und den gewin,   200
daz er sich mit sîn selbes muote swachet.
Armen man mit guoten sinnen
sol man vür den rîchen minnen,
ob er êren niht engert.
jâ enist ez niht wan gotes huldę und êre,   205

dar nâch diu werlt sô sêre vihtet:
. swer sich ze guotẹ alsô verphlihtet
daz er der beider wirt entwert,
der enhabẹ ouch hie noch dort niht lônes mêre,
wan sî eht guotes hie gewert.   210
24 18 Mit sælden müezẹ ich hiutẹ ûf stên,
got herrẹ, in dîner huote gên
und rîten, swar ich in dem lande kêre.
Krist herre, lâz mir werden schîn
die grôzen kraft der güete dîn,   215
und phlic mîn wol durch dîner muoter êre.
Als ir der heiligẹ engel phlæge,
und dîn, der in der krippen læge,
junger mensch und alter got,
dêmüetic vor dem esel und vor dem rinde,   220
und doch mit sældenrîcher huote
phlac dîn Gâbriêl der guote
wol mit triuwen sunder spot,
als phlic ouch mîn, daz an mir iht erwinde
daz dîn vil götelîch gebot.   225

70 ª (L. 16 36).

Philippe, künec hêre,
si gebent dir alle heiles wort
und wolten liep nâch leide.
Nû hâstû guot und êre:
17 daz ist wol zweier künege hort: 5
diu gip der milte beide.
Der milte lôn ist sô diu sât,

---

211 ist eine kunstmässige nachbildung der volkstüm-
lichen gattung der reisesegen (vgl. Denkmäler von Müllen-
hoff-Scherer 4, 8. 47, 3 nebst den anmerkungen dazu).
70 ª 15. Auf diesen spruch spielt Wolfram im Wille-
halm 286, 19 an: *her Vogelweid von brâten sanc: dirre
brâte was dic unde lanc: ez hete sîn vrouwe dran genuoc,
der er sô holdez herze ie truoc.* Von den meisten heraus-
gebern wird er auf Philipp bezogen, passt aber besser auf
Otto. Die erzählung von den köchen hat Koberstein auf
die eroberung von Konstantinopel durch die Lateiner be-
zogen, Zarncke (Beitr. 7, 592) auf die der Eroberung un-

diu wünneclîche wider gât
dar nâch man si geworfen hât:
wirf von dir milteclîche.   10
swelch künec der milte geben kan,
si gît im daz er nie gewan.
wie Alexander sich versan!
der gap und gap, und gap sį im elliu rîche.
11 Wir suln den kochen râten,   15
sît ez in alsô hôhe stê
daz si sich niht versûmen,
Daz si der vürsten brâten
snîden grœzer baz dan ê,
doch dicker eines dûmen.   20
Ze Kriechen wart ein spitz versniten:
daz tet ein hant mit argen siten
(si enmöhtę ez niemer hân vermiten):
der brâte was ze dünne.
des muose der herre vür die tür: 25
die vürsten sâzen ander kür.
der nû daz rîchę alsô verlür,
dem stüende baz daz er nie spitz gewünne.
25 Waz êren hât vrô Bône,

---

mittelbar vorhergehenden ereignisse. Aber damit ist nicht
erklärt, wie Walther zu dem gleichnis von dem braten
gekommen ist. Es ist daher wohl doch eher ein sagen-
hafter bericht anzunehmen, in dem das, was Walther als
parabel verwendet, als wirkliches faktum erzählt war.

29. Lachmann bemerkt hierzu: 'ich glaube, ein tadler,
vielleicht der dichter, den das nächstfolgende gesetz
(70 ᵇ 15) derb abfertigt, hatte Walthers lied vom halm-
messen (32) verhöhnt; etwa in dem sinne, Herrn Walthers
halm sei keiner bohne wert, die man dagegen schon eher
besingen könnte. „was", sagte der dichter, „ist an der
bohne zu loben? sie ist fastenspeise, vor und nach himmel-
fahrt (*nône*) faul, und von anfang voll würmer; dagegen
halm, korn und stroh gut und erfreulich und zu jeder zeit
brauchbar: aber vor der bohne muss man ein paternoster
beten, um ihrer los zu werden." So wenig befriedigend
diese deutung ist, so ist doch bisher noch nichts besseres
aufgestellt.

daz man sô von ir singen sol?   30
si rehtiu vastenkiuwe!
Sist vor und nâch der nône
vûl und ist der wibel vol
wan êrstę in der niuwe.
Ein halm ist kreftic unde guot: 35
waz er uns allen liebes tuot!
er vreut vil manegem sînen muot:
wie dannę um sînen sâmen?
von grase wirdet halm ze strô,
er machet manic herze vrô,   40
er ist guot nider unde hô.
vrou Bône — sed liberà nôs â mâlô, âmen.

70 ᵇ (L. 18 1).

18 15 Mir hât ein liet von Franken
der stolze Mîssenære brâht:
daz vert von Ludewîge.
Ich enkan ims niht gedanken
sô wol als er mîn hât gedâht,   5
wan daz ich tiefe nîge.
Kündę ich swaz ieman guotes kan,
daz teiltę ich mit dem werden man.
der mir sô hôher êren gan,
got müezę im êre mêren.   10
zuo vliezę im aller sælden vluz,
niht wildes mîde sînen schuz,
sîns hundes louf, sîns hornes duz
erhellę im und erschellę im wol nâch êren.

---

70 ᵇ weicht in der zehnten zeile von **70 ª** ab, die erste
strophe allerdings nur in der einen, aber, wie es scheint,
besseren überlieferung. 1. Die veranlassung dieses spruches
bleibt uns unverständlich. Der *Missenœre* ist markgraf
Dietrich von Meissen (vgl. einleitung); dass mit Ludwig
der herzog von Baiern gemeint sei, ist eine durch nichts
als die übereinstimmung des namens zu begründende an-
nahme. Die gabe, welche der Meissner mitgebracht hat,
heisst in C *liet*, in A *lieht*. Gegen die letztere von allen
anderen herausgebern aufgenommene lesart ist zu bemer-
ken, dass *lieht* nicht die jetzt in Norddeutschland übliche
bedeutung „kerze" hat, sondern nur ein brennendes licht

18 1 Her Wîcman, habet irs êre.   15
    daz ir den meistern rîtern welt
    sô meisterlîche sprüche?
    Lâtz iu geschehen niht mêre,
    sît daz manz iu zunwitzen zelt.
    waz ob her Walther krüche?   20
    Er soltz doch iemer hân vor iu,
    alsô der weize vor der spriu.
    singet ir einz, er singet driu,
    gelîche als ars und mâne.
    her Walther singet swaz er wil.   25
    des kurzen und des langen vil:
    sus mêret er der werlte spil:
    sô jaget ir als ein leitehund nâch wâne.

71 (L. **82** 11).

82 24 Ouwê daz wîsheit unde jugent,
    des mannes schœne noch sîn tugent
    niht erben sol, sô ie der lîp erstirbet!
    Daz mac wol klagen ein wîser man,
    der sich des schaden versinnen kan,   5
    Reimâr, waz guoter kunst an dir verdirbet.
    Dû solt von schulden iemer des geniezen,
    daz dich des tages wolte nie verdriezen,
    dû enspræchest ie den vrouwen wol mit . . . siten.
    des süln sie iemer danken dîner zungen   10
    hetest anders niht wan eine rede gesungen,

bezeichnen kann. Für *liet* tritt auch Saran (Beitr. 27.
202) ein und vermutet, dass damit die folgende strophe
gemeint sei, die im interesse Walthers von Ludwig oder
in dessen auftrage verfasst sei. Wackernagels deutung
(vgl. zu **79** 1) ist unannehmbar. Es ist wohl der Meissner,
nicht Ludwig, dem das lob gilt. 15. Über die person des
Wîcman (so nennt ihn A, C hat dafür Volcnant) wissen
wir nichts. Die echtheit der strophe ist nicht ohne grund
angezweifelt; vgl. die anmerkung zum vorhergehenden
spruch. Über den spruch vgl. noch H. Fischer Zfda. 49, 154.
    71 1. Klagelied um Reinmar, der, wenn wir ihn mit
der nachtigall von Hagenau identifizieren dürfen (vgl. ein-
leitung). etwa zwischen 1203 und 1210 gestorben sein
muss. 12. Die zitierte strophe steht in MF **165**, 28.

'sô wol dir, wîp, wie reinę ein nam!', dû hetest alsó
gestriten
an ir lop daz elliu wîp dir genâden solten biten.

83 1   Dêswâr, Reimâr, dû riuwest mich
michels harter dan ich dich,   15
ob dú lebetest und ich wærę erstorben.
Ich wilz bî mînen triuwen sagen,
dich selben woltę ich lützel klagen:
ich klage dîn edelen kunst, daz sist verdorben.
Dû kundest al der werlte vreude mêren,   20
sô dûz ze guoten dingen woltest kêren.
mich riuwet dîn wol redender munt und dîn vil süezer
daz die verdorben sint bî mînen zîten.   [sanc,
daz dû niht eine wîle mohtest bîten!
sô leistę ich dir geselleschaft: mîn singen ist niht lanc. 25
dîn sêle müeze wol gevarn, und habe dîn zunge danc.

14 Swâ der hôhe nider gât
und ouch der nider an hôhen rât
gezucket wirt, dâ ist der hof verirret.
Wie sol ein unbescheiden man   30
bescheiden des er niht enkan?
sol er mir büezen des mir niht enwirret?
Bestênt die hôhen vor der kemenâten,
sô suln die nidern umbe daz rîche râten.
swâ den gebrichet an der kunst, seht, dâ tuont si   35
wan daz siz umbe werrent an ein triegen: [niht mê
daz lêrent si die vürsten, unde liegen.
die selben brechent uns diu reht und stœrent unser ê.
nû sehet wie diu krône lige und wie diu kirche stê.

27 Ich muoz verdienen swachen haz: 40
ich wil die herren lêren daz,
wie sį iegeslîchen rât wol mügen erkennen.
Der guoten ræte der sint drî:
drî ander bœse stênt dâ bî

---

27. Die verhältnisse, auf welche in diesem spruche an-
gespielt wird, lassen sich nicht mit sicherheit bestimmen.
Rieger (Leben Walthers s. 45) bezieht ihn auf die regie-
rung könig Heinrichs und setzt ihn zwischen sommer 1229
und september 1230.

zcr linken hant.   lât iu die sehse rennen.   45
Vrum unde gotes huldę und werltlîch êre,
daz sint die guoten: wol im der si lêre!
den möhtę ein keiser nemen gernę an sînén hœhsten rât.
die andern heizent schade sündę und schande.
dâ erkenne sị bî der si ê niht erkande: 50
man hœret an der rede wol wiez umbe daz herze stât.
daz anegengę ist selten guot, daz bœsez ende hât.

84 1 Drî sorge habę ich mir genomen:
möhtę ich der einer zende komen,
sô wære wol getân ze mînen dingen.   55
Iedoch swaz mir dâ von geschiht,
ich scheidę ir von ein ander niht:
mir mac an allen drin noch wol gelingen.
Gotes huldę und mîner vrouwen minne,
dar umbe sorgę ich, wie ich die gewinne: 60
daz dritte hât sich mîn erwert unrehte manegen tac.
daz ist der wünneclîche hof ze Wiene:
ich enhirme niemer unz ich den verdiene,
sît er sô maneger tugende mit stæter triuwe phlac.
man sach Liupoltes hant dâ geben, daz si des niht   65
erschrac.

82 11 Rît ze hove, Dietrich.
'herrę, ich enmac.' waz irret dich?
'ich enhân niht rosses daz ich dar gerîte.'
Ich lîhe dir einz, und wiltû daz.
'here, gerîtę al deste baz.'   70
nû stant alsô noch eine wîle, bîte.
Weder rîtest gerner eine guldîn katzen,
oder einen wunderlîchen Gêrhart Atzen?
'semir got, und æzę ez heu, ez wærę ein vremdez phert.

---

66 bezieht sich auf denselben vorfall wie **72** 1. *Ger-
hardus et frater ejus Heinricus cognomine Atzo* erscheinen
als zeugen in einer urkunde des landgrafen Hermann vom
jahre 1196.   Die seltsame entschuldigung, welche der
dichter **72** 9 dem Atze boshafterweise in den mund legt, ist
wohl dadurch veranlasst, dass ihm entweder wirklich ein
finger von einem rosse abgebissen war, oder dass ihm
wenigstens ein finger fehlte.

im gênt diu ougen umbę als einem affen,
er ist als ein guggaldei geschaffen.
den selben Atzen gebet mir her: sô bin ich wol gewert.'
nû krümbe dîn bein, var selbe heim, sît dû Atzen hâst
gegert.

72 (L. 103 13).

104 7 Mir hât her Gêrhart Atzę ein phert
erschozzen zÎsenache.
daz klagę ich dem den er bestât:
derst unser beider voget.
Ez was wol drîer marke wert: 5
nû hœret vremde sache,
sît daz ez an ein gelten gât,
wâ mit er mich nû zoget.
Er seit von grôzer swære,
wie mîn phert mære   10
dem rosse sippe wære,
daz im den vinger abe
gebizzen hât ze schanden.
ich swer mit beiden handen,
daz si sich niht erkanden.   15
ist ieman der mir stabe?

103 13 Swâ guoter hande wurzen sint
in einem grüenen garten
bekliben, die sol ein wîser man
niht lâzen unbehuot.   20
Er sol si schirmen als ein kint,
mit ougenweidę in zarten,
dâ lît gelust des herzen an,
und gît ouch hôhen muot.
Sî bœsę unkrût dar under,   25
daz brechę er ûz besunder
(lât erz, daz ist ein wunder),
und merkę ob sich ein dorn
mit kündeheit dar breite,
daz er den vürder leite   30
von sîner arebeite:
sist anders gar verlorn.

29 Uns irret einer hande diet:

der uns die vürder tæte,
sô möhtę ein wol gezogener man   35
ze hove haben die stat.
Die lâzent sîn ze spruche niet:
ir drüzzel derst sô dræte,
kundę er swaz ieman guotes kan,
daz hulfe niht ein blat.   40
'Ich und ein ander tôre
wir dœnen in sîn ôre,
104 daz nie kein münch ze kôre
sô sêre mê geschrei.'
gevüeges mannes dœnen   45
daz sol man wol beschœnen,
des ungevüegen hœnen.
hie gêt diu redę enzwei.

73 (L. 11 6).

11 30 Her keiser, sît ir willekomen.
der küneges namę ist iu benomen:
des schînet iuwer krônę ob allen krônen.
Iur hant ist kreftę und guotes vol:
ir wellet übel oder wol,   5
sô mac si beidiu rechen unde lônen.
Dar zuo sagę ich iu mære:
12 die vürsten sint iu undertân,
si habent mit zühten iuwer kunft erbeitet.
und ie der Mîssenære   10
derst iemer iuwer âner wân:
von gote wurdę ein engel ê verleitet.
12 30 Got gît ze künege swen er wil:
dar umbe wundert mich niht vil:
uns leien wundert umbe der phaffen lêre.   15

---

72 41 nicht recht verständlich und wohl verderbt.

73 1. Zur begrüssung Ottos IV. bei seiner rückkehr
aus Italien im frühjahr 1212 gedichtet, vielleicht auf dem
hoftage zu Frankfurt vorgetragen, wo auch Dietrich von
Meissen erschien und sich dem kaiser am 20. märz durch
einen vertrag verpflichtetę, nachdem er vorher gegen ihn
konspiriert hatte. Er fiel schon im folgenden jahre wieder
von Otto ab.

Si lêrten uns bî kurzen tagen:
daz wellent si uns nû widersagen.
nû tuonz durch got und durch ir selber êre,
Und sagen uns bî ir triuwen,
an welher rede wir sîn betrogen: 20
13 volrecken uns die einen wol von grunde
die alten oder die niuwen.
uns dunket einez sî gelogen.
zwô zungen stânt unebenę in einem munde.
11 6 Her bâbest, ich mac wol genesen: 25
wan ich wil iu gehôrsam wesen.
wir hôrten iuch der kristenheit gebieten
Wes wir dem keiser solten phlegen,
dô ir im gâbet gotes segen,
daz wir in hiezen herrę und vor im knieten.   30
Ouch sult ir niht vergezzen,
ir sprâchet: 'swer dich segene, sî
gesegnet, swer dir vluoche, sî vervluochet
mit vluoche vólmézzen.'
durch got bedenket iuch dâ bî   35
ob ir der phaffen êre iht geruochet
18 Dô gotes sun hię enerde gie,
dô versuochten in die juden ie:
sam tâten sį eines tages mit dirre vrâge.
Si vrâcten ob ir vrîez leben   40
dem rîchę iht zinses solte geben.
dô brach er in die huotę und al ir lâge.
Er iesch ein münizîsen,
er sprach: 'wes bıldę ist hie ergraben?'
'des keisers' sprâchen dô die mérkære.   45
dô riet er den unwîsen
daz sie den keiser liezen haben
sîn küneges reht, und got swaz gotes wære.
12 6 Her keiser, ich bin vrônebote
und bringę iu boteschaft von gote.   50

16 bezieht sich auf die frühere anerkennung und nach-
herige verwerfung Ottos.

49. Unter dem kaiser, der in dieser und der folgenden
strophe angeredet wird, hat Uhland, wie ich glaube, mit

ir habet di**é** erde, er hât daz himelrîche.
Er hiez iu klagen (ir sît sîn voget),
in sînes sunes lande broget
diu heidenschaft iu beiden lasterlîche.
Ir muget im gerne rihten: 55
sîn sun der ist geheizen Krist,
er hiez iu sagen wie erz verschulden welle:
nû lât in zuo iu phlihten.
er rihtet iu dâ er voget ist,
klaget ir joch über den tievel ûz der helle.   60
18 Her keiser, swenne ir Tiuschen vride
gemachet stæte bî der wide,
sô bietent iu die vremden zungen êre.
Die sult ir nemen âne arebeit,
und süenet al die kristenheit :   65
daz tiuret iuch und müet die heiden sêre.
Ir traget zwei keisers ellen,
des aren tugent, des lewen kraft:
die sint des herren zeichen an dem schilte,
die zwêne hergesellen: 70
wan wolten si an die heidenschaft!
waz widerstüende ir manheit und ir milte?
                     74 (L.**105** 13).
105 27 Der Mîssenære solde
mir wandeln, ob er wolde.
mîn dienest lâze ich allez varn:
Niwan mîn lop aleine,
deich in mit lobe iht meine,   5
daz kan ich schône wol bewarn.
Lobe ich in, sô lobe er mich:
des andern alles des wil ich

---

recht Friedrich II. verstanden, indem er in z. **68** den adler
auf das wappen des reiches, den löwen auf das der Hohen-
staufen bezieht. Lachmann dagegen und die anderen
herausgeber sind der ansicht, dass Otto gemeint sei, der
einen halben adler und drei halbe löwen im wappen führte
(vgl. Winkelmann 2, 498).

     74 1. Vgl. einleitung. Der markgraf muss sich nach
z. **7** tadelnd über Walther ausgesprochen haben.

in minneclîche erlâzen.
sîn lop daz muoz ouch mir gezemen,   10
oder ich wil mînz her wider nemen
ze hovę und an der strâzen,
106 sô ich nû genuoge
warte sîner vuoge.

3 Ich hân dem Missenære   15
gevüeget manec mære
baz dan er nû gedenke mîn.
Waz sol diu rede beschœnet?
möhtę ich in hân gekrœnet,
diu krône wære hiute sîn.   20
Hetę er mir dô gelônet baz,
ich dientę im aber eteswaz:
noch kan ich schaden vertrîben.
er ist aber sô gevüege niht,
daz er mir biete wandels iht: 25
dâ lâzen wirz belîben.
wan vil verdirbet
des man niht enwirbet.

105 13 Nû sol der keiser hêre
versprechen durch sîn êre   30

---

15. Von diensten, die Walther dem Meissner erwiesen
hat, ist ausser der hochtönenden versicherung von dessen
treue, die er dem kaiser Otto entgegenbrachte (**70** 10), nichts
bekannt. 19. Wohl keine anspielung auf eine bestimmte
krone, die für den Meissner zu erwerben Walther sich be-
müht hätte, sondern nur ein ausdruck dafür, dass er bereit
gewesen wäre, ihm das grösste zu verschaffen, wenn es in
seinen kräften gestanden hätte. 27. Ein sprichwort.
29. Diese fürbitte für den landgrafen Hermann kann nicht
gut in eine andere zeit fallen als in das jahr 1212, wo
derselbe, von den meisten übrigen parteigenossen, die mit
ihm im jahre zuvor die wahl Friedrichs beschlossen hatten,
im stich gelassen, von Otto hart bedrängt wurde. Auf-
fallend ist nur, dass sonst keine spur davon vorhanden ist,
dass der landgraf die gnade des kaisers nachgesucht hätte.
Im gegenteil gab er in dem schlimmsten momente seinem
in Weissensee eingeschlossenen heere ausdrücklich die wei-
sung im widerstande zu verharren (vgl. Winkelmann 2, 308).

des lantgrâven missetât.
Wandẹ er was doch zewâre
sîn vîent offenbâre:
die zagen truogen stillen rât:
Si swuoren hie, si swuoren dort,   35
und pruoften ungetriuwen mort.
von Rôme vuor ir schelden.
ir diubẹ enmohte sich niht heln,
si begonden under zwischen steln
und allẹ ein ander melden.   40
seht, diep stal diebe,
drô tet diebe liebe.

75 (L. 31 13).

33 21 Der stuol ze Rômẹ ist allerêrst berihtet rehte,
als hie vor bî einem zouberære Gêrbrehte.
Der selbe gap ze valle wan sîn eines leben:
sô wil sich dirrẹ und al die kristenheit ze valle geben.
Alle zungen suln ze gote schrîen wâfen,   5
und rüefen im, wie langẹ er welle slâfen.
si widerwürkent sîniu werc und velschent sîniu wort.
sîn kamerære stilt im sîṇen himelhort,
sîn süenære mordet hie und roubet dort,
sîn hirtẹ ist zeinem wolvẹ im worden under sînen   10
                         schâfen.

33 11 Wir klagen allẹ und wizzen doch niht waz uns wirret.
daz uns der bâbest unser vater alsus hât verirret.
Nû gât er uns doch harte vaterlîchen vor:

----

34. Mit den *zagen* müssen die mitverschworenen des
landgrafen gemeint sein, die sich dem kaiser bei seiner
rückkehr aus Italien zum schein unterwarfen, um bei gün-
stiger gelegenheit wieder von ihm abzufallen, wie z. b.
Dietrich von Meissen. Doch sind die folgenden zeilen nicht
ganz klar und am schluss auch die textherstellung sehr
wenig sicher. 37. von Rom aus wurden sie veranlasst, sich
unzufrieden mit Ottos Regierung zu erklären (?). 42. Die
drohung Ottos brachte sie zum gehorsam zurück (?).
75 1—80. Vgl. einleitung. 2 Gemeint ist Gerbert, als papst
Sylvester II. (999—1003), der infolge seiner naturwissen-
schaftlichen studien in den ruf gekommen war, zauberei
zu treiben.

wir volgen im und komen niemer vuoz ûz sînem spor.
Nû merke, werlt, waz mir dar ane missevalle.   15
gîtset er, si gîtsent mit im alle:
liuget er, si liegent alle mit im sîne lüge:
und triuget er, si triegent mit im sîne trüge.
nû merket wer mir daz verkêren müge:
sus wirt der junge Jûdas, mit dem alten dort, ze   20
           schalle.

31 Diu kristenheit gelebete nie sô gar nâch wâne.
die si dâ lêren solten, die sint guoter sinne âne.
Es wære ze vil, und tæte̜ ein tumber leie daz.
si sündent âne vorhte: dar umbe̜ ist in got gehaz.
Si wîsent uns zem himele̜, und varnt si zer helle.   25
si sprechent, swer ir worten volgen welle
und niht ir werken, der sî âne zwîvel dort genesen.
34 die phaffen solten kiuscher dan die leien wesen:
an welhen buochen hânt si daz erlesen,
daz sich sô maneger vlîzet wâ er ein schœnez wîp   30
           vervelle?

34 24 Swelch herze sich bî disen zîten niht verkêret,
sît daz der babest selbe dort den ungelouben mêret,
Dâ wont ein sælic geist und gotes minne bî.
nû seht ir waz der phaffen werc und waz ir lêre sî.
Ê dô was ir lêre bî den werken reine: 35
nû sint si aber anders sô gemeine,
daz wir si̜ unrehte würken sehen, unrehte hœren sagen,
die uns guoter lêre bilde solden tragen.
des mugen wir tumbe leien wol verzagen:
ich wæne̜ áber mîn guoter klôsenære klage̜ und   40
           sêre weine.

33 1 Ir bischofe̜ und ir edeln phaffen sît verleitet.
seht wie iuch der bâbest mit des tievels stricken seitet.
Saget ir uns daz er sant Pêters slüzzel habe,
sô saget war umbe̜ er sîne lêre von den buochen schabe.

---

40. Vgl. zu **67** 46. **41**. **42**. Wallner und Schönbach
wollen lesen *verteilet . . seilet.*

Daz man gotes gâbe iht koufe oder verkoufe,   45
daz wart uns verboten bî der toufe.
nû lêretz in sîn swarzez buoch, daz im der hellemôr
hât gegeben, und liset ûz iu sîniu rôr:
ir kardenâle, ir decket iuwern kôr:
unser alter vrôn derst under einer übelen troufe.   50

34 4   Ahî wie kristenlîche nû der bâbest lachet,
swenne er sînen Walhen seit: 'ich hânz alsô gemachet'!
Daz er dâ seit, des solte er niemer hân gedâht.
er giht: 'ich hân zwên Allamân under eine krône brâht.
Daz siez rîche sulen stœren unde wasten.   55
ie dar under vüllen wir die kasten:
ich hân si an mînen stoc gement, ir guot ist allez mîn:
ir tiuschez silber vert in mînen welschen schrîn.
ir phaffen, ezzet hüener und trinket wîn,
unde lât die tiutschen leien magern unde vasten.'   60

14   Saget an, her Stoc, hât iuch der bâbest her gesendet,
daz ir in rîchet und uns Tiuschen ermet unde phendet?
Swenne im diu volle mâze kumt ze Laterân,
sô tuot er einen argen list, als er ê hât getân:

---

48. Noch nicht befriedigend erklärt. **49. 50.** Der
dichter will wohl sagen: für Rom ist gut gesorgt, während
die kirche in Deutschland vernachlässigt ist. **51.** Im jahre
1213 hatte Innocenz eine verordnung erlassen, wonach in
jeder kirche eine büchse *truncus concavus*) ausgestellt
werden sollte, um beiträge für den beabsichtigten kreuzzug
aufzunehmen. Das ist der *stoc* in diesem und dem folgen-
den spruche. Walther wird wegen dieser verdächtigung
der absichten des papstes getadelt von Thomasin von
Zirclaria in seinem Welschen gast 11 191: *Nû wie hât sich
der guote kneht an im gehandelt âne reht, der dâ sprach
durch sînen hôhen muot, daz der bâbest wolt mit tiuschem
guot vüllen sîn welhischez schrîn! hiet er gehabt den
rât mîn, er hiet daz wort gesprochen niht; dâ mit er
hât gemacht enwiht manige sîne rede guot, daz man ir
minner war tuot . . . . [11 223] wan er hât tûsent man be-
tœret, daz si habent überhœret gotes und des bâbstes
gebot. . . . [11 239] swâr ez ist mir leit umb in. er hât
erzeiget zuht und sin an maniger sîner rede guot.*

Er seit uns danne wie daz rîche stê verwarren, 65
unz in ervüllent aber alle pharren.
ich wæne des silbers wênic kumt ze helfe in gotes lant:
grôzen hort zerteilet selten phaffen hant.
her Stoc, ir sît ûf schaden her gesant,
daz ir ûz tiuschen liuten suochet tœrinne unde narren. 70

31 23 'Sit willekomen, her wirt,' dem gruoze muoz ich swîgen:
'sît willekomen, her gast,' sô muoz ich sprechen oder nîgen.
Wirt unde heim sint zwêne unschameliche namen:
gast unde hereberge muoz man sich vil dicke schamen.
Noch müeze ich geleben daz ich den gast ouch grüeze, 75
sô daz 'er mir dem wirte danken müeze.
'sît hînaht hie, sît morgen dort,' waz gougelvuore ist daz!
'ich bin heime' oder 'ich wil heim' daz trœstet baz.
gast unde schâch kumt selten âne haz:
nû büezet mir des gastes, daz iu got des 80
       schâches büeze.

35 7 Ich bin des milten lantgrâven ingesinde.
ez ist mîn site daz man mich iemer bî den tiursten vinde.
Die andern vürsten alle sint vil milte, iedoch
sô stæteclîchen niht: er was ez ê und ist ez noch.
Dâ von kan er baz dan si dâ mite gebâren: 85
er enwil dekeiner lûne vâren.
swer hiure schallet und ist hin ze jâre bœse als ê,
des lop gruonet unde valwet sô der klê.
der Düringe bluome schînet durch den snê:
sumer und winter blüet sîn lop als in den êrsten jâren. 90

32 17 Ich hân des Kerendæres gâbe dicke emphangen:
wil er durch ein vermissen bieten mir alsô diu wangen?
Er wænet lîhte daz ich zürne: nein ich, niht.

---

71. Vgl. einleitung. **77.** Für die lesung *gogelvuore*
tritt ein Wallner Beitr. **35**, 194. **91.** Vgl. einleitung. Der
herzog scheint sich unfreundlich gegen Walther benommen
zu haben. Darauf gibt ihm dieser auf eine feine weise
zu verstehen, dass nicht der herzog ursache habe auf ihn,
vielmehr er auf den herzog böse zu sein; er wolle es aber
nicht übel nehmen, dass dieser sein versprechen nicht
gehalten habe.

im ist geschehen daz noch vil manegem milten man
geschiht.

Was mir lîhte leide, dô was im noch leider.   95
dô er mir geschaffen hâte kleider,
daz man mir niht engap, dar umbe zürnę er anderswâ.
ich weiz wol, swer willeclîche sprichet jâ,
der gæbę ouch gernę, und wærę ez danne dâ.
der zorn ist âne alle schulde weizgot unser beider.   100

27 Ich enweiz wem ich gelîchen muoz die hovebellen,
    wan den miusen, die sich selbe meldent, tragend si
schellen.

Des leckers jâ, der miuse klanc, kumt sį ûz ir klûs,
sô schrîen wir vil lîhtę 'ein schalc, ein schalc! ein mûs,
ein mûs!'

Edel Kerendærę, ich sol dir klagen sêre,   105
milter vürstę und marterærę umbę êre,
ich enweiz wer mir in dînem hove verkêret mînen sanc.
lâz ichz niht durch dich und ist er niht ze kranc,
ich swingę im alsô swinden widerswanc.
vrâge waz ich habe gesungen, und ervar uns werz   110
verkêre.

34 34 Die wîlę ich weiz drî hove sô lobelîcher manne,
    sô ist mîn wîn gelesen unde sûset wol mîn phanne.
Der biderbe patrîarke missewende vrî,
der ist ir einer, sôst mîn hövescher trôst zehant dâ bî,

35 Liupolt, zwir ein vürste, Stîrę und Ôsterrîche.   115
niemen lebet den ich zuo dem gelîche:
sîn lop ist niht ein lobelîn: er mac, er kan, er tuot.
sô ist sîn veter als der milte Welf gęmuot:
des lop was ganz, ez ist nâch tôde guot.

---

101. Dem herzog von Kärnten ist über einen auf ihn
bezüglichen spruch Walthers, vielleicht den voranstehen-
den, durch seine hofleute ein entstellter bericht zugekom-
men.   Walther bittet ihn, sich von dem richtigen tat-
bestande zu überzeugen. 111. Vgl. einleitung.
    118. *der milte Welf*, Welf VI. von Baiern († 1191),
der durch eine verschwenderische hofhaltung zu Memmin-
gen seine besitztümer vergeudete.

mirst vil unnôt daz ich durch handelungę iht   120
        verre strîche.

31 33 In nômine dummę ich wil beginnen: sprechet âmen
   (daz ist guot vür ungelückę und vür des tievels sâmen),
   Daz ich gesingen müezę in dirre wîsę alsô,
   swer höveschen sanc und vreude stœre, daz der werdę
                 unvrô.

32 Ich hân wol und hovelîchen her gesungen: 125
   mit der hövescheit bin ich nû verdrungen,
   daz die unhöveschen nû ze hove genæmer sint dan ich.
   daz mich êren solte, daz unêret mich.
   herzogę ûz Österrîche Liupolt, sprich:
   dû enwendest michs aleine, sô verkêrę ich mîne   130
                 zungen.

7 Nû wil ich mich des scharphen sanges ouch genieten:
   dâ ich ie mit vorhten bat, dâ wil ich nû gebieten.
   Ich sihe wol daz man herren guot und wîbes gruoz
   gewalteclîchę und ungezogenlîchę erwerben muoz.
   Singę ich mînen höveschen sanc, sô klagent siz Stollen. 135
   dêswâr ich gewinnę ouch lîhte knollen:
   sît si die schalcheit wellen, ich gemachę in vollen kragen.
   zÖsterrîche lerntę ich singen unde sagen:
   dâ wil ich mich allerêrst beklagen:
   vindę ich an Liupolt höveschen trôst, sôst mir   140
                 mîn muot entswollen.

36 1 Dô Liupolt spartę ûf gotes vart, ûf künftigę êre,
   si behielten alle samt, si volcten sîner lêre,
   Si zuhten ûf, alsam si niht getorsten geben.
   daz was billich: man sol iemer nâch dem hove leben.
   Daz sį in an der miltę iht überhœhen wolten,   145
   wol in des! si tâten als si solten.
   die heldę ûz Österrîche heten ie gehoveten muot.
   sie behielten durch sin êre: daz was guot:
   nû geben durch sîn êrę, als er nû tuot.

---

   121. Wer die gegner der Walther'schen sangesweise
sind, wer insbesondere der z. 135 genannte Stolle ist, lässt
sich nicht ermitteln. 141. Vgl. einleitung.

sie enleben nàch dem hove nû, sôst jeniu zuht　　　150
　　　bescholten.

35 17 Liupolt ûz Ôsterrîche, lâ mich bî den liuten,
　　　wünsche mîn ze selde, niht ze waldę: ich enkan niht
　　　Si sehent mich bî in gerne, alsô tuon ich sie.　　　[riuten:
　　　dû wünschest underwîlent biderbem man dû enweist
　　　　　niht wie.
　　　Wünschestû mir von in, sô tuostû mir leide.　　　155
　　　vil sælic sî der walt, dar zuo diu heide!
　　　diu müezen dir vil wol gezemen! wie hâstû nù getân,
　　　sît ich dir an dîn gemach gewünschet hân,
　　　und dû mir an mîn ungemach? lâ stân:
　　　wis dù von dan, lâ mich bî in: sô leben wir　　　160
　　　　　sanfte beide.

31 13 Ich hân gemerket von der Seinę unz an die Muore,
　　　von dem Phâdę unz an die Traben erkennę ich al ir vuore:
　　　Diu meiste menegę enruochet wie sį erwirbet guot.
　　　sol ichz alsô gewinnen, sô ganc slâfen, hôher muot.
　　　Guot was ie genæme, iedoch sô gie diu êre　　　165
　　　vor dem guote: nûst daz guot sô hêre,
　　　daz ez gewalteclîche vor ir zuo den vrouwen gât,
　　　mit den vürsten zuo dęn künegen an ir rât.
　　　sô wê dir, guot! wie rœmesch rîche stât!
　　　dû enbist niht guot: dû habest dich an die schandę　　　170
　　　　　ein teil ze sêre.

35 27 An wîbe lobe stêt wol daz man si heize schœne:
　　　manne stêt ez übelę, ez ist ze weich und ofte hœne.
　　　Küenę und miltę, und daz er dâ zuo stæte sî,
　　　sôst er vil gar gelobet: den zwein stêt wol daz dritte bî.
　　　Wilz iu niht versmâhen, sô wil ichz iuch lêren,　　　175
　　　wie wir loben suln und niht unêren.
　　　ir müezet in die liute sehen, welt ir erkennen wol:
　　　nieman ûzen nâch der varwe loben sol.

---

151. Vgl. einleitung. Der herzog hat Walther in den
wald gewünscht, womit sich für den mittelalterlichen
menschen die vorstellung der harten arbeit des reutens
verknüpft. Walther wünscht dagegen den herzog auf die
heide, wo er zwar auch die gesellschaft der menschen ent-
behren muss, es aber bequem hat.

vil manic môrę ist innen tugende vol:
wê wie der wîzen herze sint, der si wil umbe   180
kêren!

76 (L. 26 3).

26 23 Ich hân hern Otten triuwę, er welle mich noch rîchen:
wie nam aber er mîn dienest ie sô trügelîchen?
oder waz bestêt ze lône des den künec Friderîchen?
Mîn vorderungę ist ûf in kleiner dan ein bône;
ez ensî sô vil, ob er der alten sprüche wære vrô.   5
ein vater lêrte wîlent sînen sun alsô:
'sun, diene manne bœstem, daz dir manne beste lône.
Her Ottę, ich binz der sun, ir sît der bœste man,
wandę ich sô rehte bœsen herren nie gewan:
her künec, sît irz der beste, sît iu got des lônes   10
gan.

33 Ich woltę hern Otten milte nâch der lenge mezzen:
dô hâtę ich mich an der mâzę ein teil vergezzen:
wære er sô miltę als lanc, er hete tugende vil besezzen.
Vil schiere maz ich aber den lîp nâch sîner êre:
27 dô wart er vil gar ze kurz als ein verschrôten werc,   15
miltes muotes minre vil dan ein getwerc,
und ist doch von den jâren daz er niht enwahset mêre.
Dô ich dem künege brâhte 'z mez, wie er ûf schôz!
sîn junger lîp wart beide michel unde grôz.
nû seht waz er noch wahsę: erst iezę über in wol   20
risen genôz.

28 11 Herzogę ûz Ôsterrîchę, ez ist iu wol ergangen,
und alsô schône daz uns muoz nâch iu belangen.
sît gewis, swennę ir uns komęt, ir werdet hôhę em-
phangen.
Ir sît wol wert daz wir die glocken gegen iu liuten,
dringen unde schouwen als ein wunder komen sî.   25
ir komet uns beide sünden unde schanden vrî:
des suln wir man iuch loben, und die vrouwen suln
iuch triuten.
Diz liehte lop volvüeret heimę unz ûf daz ort:

76 1. Vgl. einleitung. 11. Vgl. die schilderungen Ottos
und Friedrichs bei Winkelmann 1, 75. 2, 91.

sît uns hie biderbe vür daz ungevüege wort,
daz ieman sprechę, ir soldet sîn beliben mit êren   30
            dort.

28 1 Von Rôme voget, von Pülle künec, lât iuch erbarmen
daz man mich bî sô rîcher kunst lât alsus armen.
gerne woldę ich, möhtę ez sîn, bi eigenem viurę erwarmen.
Zâhî wie ich danne sunge von den vogelînen,
von der heidę und von den bluomen, als ich wîlent   35
            sanc!
swelch schœne wîp mir denne gæbę ir habedanc,
der liezę ich liljen unde rôsen ûz ir wengel schînen.
Sus kum ich spâtę und rite vruo, 'gast, wê dir, wê!':
sô mac der wirt baz singen von dem grüenen klê.
die nôt bedenket, milter künec, daz iuwer nôt zergê.   40

28 13 Ich hân mîn lêhen, al diu werlt, ich hân mîn lêhen.
nû envürhtę ich niht den hornunc an die zêhen,
und wil alle bœse herren dester minre vlêhen.
Der edel künec, der milte künec hât mich berâten,
daz ich den sumer luft und in dem winter hitze hân.   45
mîn nâchgebûren dunkę ich verre baz getân:
si sehent mich niht mêr an in butzen wîs als si wîlent
            tâten.

29 Ich bin ze lange arm gewesen âne mînen danc.
ich was sô voller scheltens daz mîn âtem stanc:
daz hât der künec gemachet reinę, und dar zuo   50
            mînen sanc.

---

31. Vgl. einleitung. Diese strophe ist von Ulrich von
Singenberg parodiert (bei Wackernagel s. 211): *Der werlte
voget, des himels künec, ich lobe iuch gerne, daz ir mich
hânt erlâzen des, daz ich niht lerne wie dirre und der an
vremder stat ze mînem sange scherne. Mîn meister klaget
sô sêre von der Vogelweide, in twinge daz, in twinge
jenz, daz mich noch nie getwanc. den lânt si bi sô richer
kunst an habe zu kranc, daz ich mich kûme ûf ir genâde
von dem mînem scheide. Sus rîte ich spâte und kume
doch heim, mirst niht ze wê: dâ singe ich von der heide
und von dem grüenen klê. daz stœtent ir mir, milter got,
daz ez mir iht zergê!*

27 7 Der künec mîn herre lêch mir gelt ze drîzec marken:
des enkan ich niht gesliezen in der arken,
noch geschiffen ûf daz mer in kielen noch in barken.
Der namę ist grôz, der nuz ist aber in solher mâze,
daz ich in niht begrîfen mac, gehœren noch gesehen: 55
wes sol ich dannę in arken oder in barken jehen?
nû râtę ein ieglich vriunt, ob ichz behaltę oder ob ichz
Der phaffen disputieren ist mir gar ein wiht: [lâze.
si prüevent in den arken niht, dâ ensî ouch iht:
nû prüeven hin, nû prüeven her, sô enhabę ich 60
drinne niht.

29 15 Ir vürsten, die des küneges gerne wæren âne,
die volgen mîme râtę: ich enrâtę in niht nâch wâne.
welt ir, ich schickę in tûsent mîlę und dannoch mê vür
Trâne.
Der helt wil Kristes reise varn: swer in des irret,
der hât wider got und al die kristenheit getân. 65
ir vindę, ir sult in sîne strâze varn lân:
waz ob er hie heimę iu niemer mêre niht gewirret?
Belîbę er dort, des got niht gebe, sô lachet ir:
komę er uns vriunden wider heim, sô lachen wir.
der mære warten beidenthalp, und habet den rât 70
von mir.

26 3 Vil wol gelobeter got, wie selten ich dich prîse!
sît ich von dir beide wort hân unde wîse,
wie getar ich sô gevreveln under dîme rîse?
Ich entuon diu rehten werc, ich enhân die wâren minne
ze mînem ebenkristen, herre vater, noch ze dir: 75
sô holt enwart ich ir dekeinem nie sô mir.
Krist, vater unde sun, dîn geist berihte mîne sinne.
Wie soltę ich den geminnen der mir übele tuot?
mir muoz der iemer lieber sîn der mir ist guot.
vergip mir anders mîne schuldę, ich wil noch 80
haben den muot.

28 21 Ein schalc, in swelhem namen er sî, der dankes triege
unde sînen herren lêre daz er liege!

---

51. Vgl. einleitung. 61. Vgl. einleitung.

erlamen müezen im diu bein, swennẹ er sị zem râte
Sî aber er sô hêr daz er zem râte sitze,   [biege!
sô wünschẹ ich daz sîn ungetriuwe zunge müezẹ   85
        erlamen.
die selben machent uns die biderben âne schamen.
sol liegen witze sîn, sô phlegent sị tugendelôser witze.
Wan mugen sị in râten daz si lâzen in ir kragen
ir valsche gelübedẹ oder nâch gelübede niht versagen?
si solten geben ê dem lobe der kalc würdẹ abe   90
        geslagen.

29 4 Ich hân gesehen in der werltẹ ein michel wunder:
wærẹ ez ûf dem mer, ez diuhtẹ ein seltsæne kunder;
des mîn vreudẹ erschrocken ist, mîn trûren worden
        munder.
Daz glîchet einem guoten man. swer nû des lachen
strîchet an der triuwen stein, der vindet kunterfeit. 95
ez bîzet dâ sîn grînen niht hât widerseit.
[sîn valscheit tuot vil manegem dicke leit.]
zwô zungen habent kalt und warm, die ligent in sîme
In sîme süezen honege lît ein giftic nagel.   [rachen.
sîn wolkenlôsez lachen bringet scharphen hagel.   100
swâ man daz spürt, ez kêrt sîn hant und wirt ein
        swalwen zagel.

30 9 Got weiz wol, mîn lop wærẹ iemer hovestæte
dâ man eteswenne hovelîchen tæte,
mit gebærde, mit gewisser rede, mit geræte.
Mir grûset, sô mich lachent an die lechelære,   105
den diu zunge honeget und daz herze gallen hât.
vriundes lachen sol sîn âne missetât,
lûter als der âbentrôt, der kündet süeziu mære.
Nû tuo mir lachelîchẹ, oder lachẹ aber anderswâ.
swes munt mich triegen wil, der habe sîn lachen dâ: 110
von dem næmẹ ich ein wârez nein vür zwei gelogeniu jâ.

19 Sît got ein rehter rihtære heizet an den buochen,
sô soltẹ er ûz sîner milte des geruochen

---

101. Noch nicht befriedigend erklärt: vgl. Bezzen-
berger Zfdph. 6, 34; Wackernell Zfda. 26, 295; Wallner
ebenda 40, 335 und Beitr. 33, 12.

daz er die getriuwen ûz den valschen hieze suochen!
Joch meinç ich hie: si werdent dort vil gar ge-   115
        sundert:
doch sæhę ich an ir eteslîchem gernç ein schanden mâl.
der ûz der hant dem man sich windet als ein âl,
ouwê daz got niht zorneclîchen sêre an dem wundert!
Swer sant mir var von hûs, der var ouch mit mir heim.
des mannes muot sol veste wesen als ein stein,   120
ûf triuwe sleht und ebenę als ein vil wol gemachter zein.

77 (L. 104 23).

Man seite mir ie von Tegersê,
wie wol daz hûs mit êren stê:
dar kêrtę ich mêr dan eine mîle von der strâze.
Ich bin ein wunderlîcher man,
daz ich mich selben niht enkan   5
verstân und mich sô vil an vremde liute lâze.
Ich schilte sį niht, wan got genâdę uns beiden.
ich nam dâ wazzer:
alsô nazzer
muostę ich von des münches tische scheiden.   10

78 (L. 78 24).

80 27 Ich bin dem Bogenære holt
gar âne gâbę und âne solt:
er ist milte, swie kleinę ichs geniuze.
sô niezę in aber ein Pôlân oder ein Riuze:
daz ist allez âne mînen haz.   5
in bræhtę ein meister baz ze mære
danne tûsent snarrenzære,
tætę er den hovewerden baz.
35 Den dîemant den edelen stein

---

77. Vgl. einleitung. **8.** Es ist das wasser zum waschen
der hände nach der mahlzeit gemeint. Walther will also
sagen, dass er sonst nichts geschenkt bekommen hat. Dass
er zum essen keinen wein bekommen habe, ist nirgends
angedeutet. Schon aus diesem grunde wäre die seltsame
deutung und zeitbestimmung Burdachs (s. 76) haltlos, wenn
sie sich nicht auch sonst als unrichtig erwiesen hätte.
    78 **1.** Vgl. einleitung.

gap mir der schœnsten ritter ein: 10
81 âne bete wart mir diu gâbe sîne.
    jô lobe ich niht die schœne nâch dem schîne:
    milter man ist schœne und wol gezogen.
    man sol die inre tugent ûz kêren:
    sôst daz ûzer lop nâch êren,   15
    sam des von Katzenellenbogen.
78 24 Der anegenge nie gewan
    und anegenge machen kan,
    der kan wol ende machen und âne ende.
    sît daz allez stêt in sîner hende,   20
    wer wære danne lobes sô wol wert?
    der sî der êrste in mîner wîse:
    sîn lop gêt vor allem prîse:
    daz lop ist sælic, des er gert.
        Nû loben wir die süezen maget,   25
    der ir sun niemer niht versaget.
    sist des muoter, der von helle uns lôste:
    daz ist uns ein trôst vor allem trôste,
    daz man dâ ze himele ir willen tuot.
    nû dar, die alten mit den jungen,   30
    daz ir werde lop gesungen.
    sist guot ze lobenne, si ist guot.
79   Ich solte iuch engele grüezen ouch,
    wan daz ich bin niht gar ein gouch:
    waz habet ir der heiden noch zerstœret?   35
    sît iuch nieman siht noch nieman hœret,
    saget, waz habet ir noch dar zuo getân?
    möhte ich got stille als ir gerechen,
    mit wem solte ich mich besprechen?
    ich wolte iuch herren ruowen lân.   40
        Her Michahêl, her Gâbriêl,
    her tiuvels vîent Raphahêl,

---

    17. Dies lied wird in eine zeit gehören, wo der von
Friedrich gelobte kreuzzug den dichter lebhaft beschäf-
tigte. Eine genauere datierung ist nicht möglich.
    42. *tiuvels vîent* heisst Raphael wol mit hinblick auf
Tobias 8, 3, wo erzählt wird, wie er den teufel bewältigt,
der die sieben männer der Sara getötet hat. 43. Der name

ir phleget wîsheit sterkę und arzenîe,
dar zuo habet ir engelkœre drîe.
die mit willen leistent iuwer gebot: 45
welt ir mîn lop, sô sît bescheiden
und schadet allerêrst den heiden:
lobetę ich iuch ê, daz wærę ir spot.

80 11 Swelch herre nieman niht versaget,
der ist an gebender kunst verschraget: 50
der muoz iemer nôtic sîn oder triegen.
zehen versagen sint bezzer dan ein liegen.
geheize minner unde grüeze baz,
wellę er ze rehtę umbę êre sorgen,
swes er niht mügę ûz geborgen   55
noch selbę enhabe, versage doch daz.

79 17 Man hôchgemâc, an vriunden kranc,
daz ist ein swacher habedanc:
baz gehilfet vriuntschaft âne sippe.
lâ einen sîn geborn von küneges rippe: 60
er enhabe vriunt, waz hilfet daz?
mâcschaft ist ein selpwahsen êre:
sô muoz man vriunde verdienen sêre.
mâc hilfet wol, vriunt verre baz.

79 25 Swer sich ze vriunde gewinnen lât   65
und ouch dâ bî die tugende hât
daz er sich âne wanken lât behalten,
des vriundes mac man gerne schône walten.
ich hân eteswenne vriunt erkorn
sô sinewel an sîner stæte,   70
swie gernę ich in behalten hæte,
daz ich in muoste hân verlorn.

33 Swer mir ist sliphic als ein îs
und mich ûf hebet in balles wîs,
sinewellę ich dem in sînen handen,   75
daz sol zunstæte nieman an mir anden,

Gabriel wird gedeutet als „stärke gottes“, Raphael als
„heilung gottes“, Michael als „wer ist wie gott?“ Vgl.
Laurin 239 *sente Michahêl der wîse.* Ein alter hymnus
(Mone 1, 314) schreibt dem von Michael geleiteten engel-
chore besondere weisheit zu.

sît ich dem getriuwen vriunde bin
einlœtic unde wol gevieret.
80 swes muot mir ist sô vêch gezieret,
nû sus nû sô, dem walge ich hin.   80

80 3 Sich wolte ein ses gesibenet hân
ûf einen hôchvertigen wân:
sus strebete ez sêre nâch der übermâze.
swer der mâze brechen wil ir strâze,
dem gevellet lîhte ein enger phat.   85
hôchvertic ses, nû stant gedrîet!
dir was zem sese ein velt gevrîet:
nû smiuc dich an der drîen stat.

19 Unmâze, nim dich beidiu an,
manlîchiu wîp, wîpliche man,   90
phaflîche ritter. ritterlîche phaffen::
mit den soltû dînen willen schaffen:
ich wil dir si gar ze stiure geben,
und alte juncherren vür eigen:
ich wil dir junge altherren zeigen,   95
daz si dir twerhes helfen leben.

18 7 Wer sleht den lewen? wer sleht den risen?
wer überwindet jenen und disen?
daz tuot einer der sich selben twinget
und alliu sîniu lit in huote bringet   100
ûz der wilde in stæter zühte habe.
geligeniu zuht und schame vor gesten
mugen wol eine wîle erglesten:
der schîn nimt drâte ûf und abe.

15 Wolveile unwirdet manegen lîp.   105
ir werden man, ir reiniu wîp,
niht ensît durch kranke miete veile.
ez muoz sêre stên an iuwerm heile,
welt ir iuch vergebene vinden lân.
zundanke veile unwirdet sêre: 110

---

108. Es ist besser, sich umsonst zu einem dienste
bereit finden zu lassen, als wider seine neigung um eines
geringen lohnes willen. Dabei leidet man an seiner ehre
schaden, und es läuft doch bloss auf eine elende hoffnung
hinaus.

dâ bî sô swachet iuwer êre,
und ziuhet doch ûf smæhen wân.

23 Swelch man wirt âne muot ze rîch,
wil er ze sêre striuzen sich
ûf sîne rîcheit, sô wirt er ze hêre.   115
ze rîch und zarm diu leschent beide sêre
an sumelîchen liuten rehten muot.
swâ überic rîcheit zühte slucket
und überic armuot sinne zucket,
dâ dunket mich enwerderz guot.   120

31 Diu minne ist weder man noch wip,
si hât noch sêle noch den lîp,
si gelîchet sich dekeinem bilde.
ir name ist kunt, sie selbe ist aber wilde,
und enkan doch nieman âne sie   125
der gotes hulden niht gewinnen

82 . . . .
si kam in valschez herze nie.

    Ez ist in unsern kurzen tagen
nâch minne valsches vil geslagen: 130
swer aber ir insigel rehte erkande ,
dem setze ich mîne wârheit des ze phande,
wolte er ir geleite volgen mite,
daz in unvuoge niht erslüege.
minne ist ze himele sô gevüege,   135
daz ich si dar geleites bite.

79 (L. 10 1. 84 14).

84 30 Von Rôme keiser hêre, ir habet alsô getân
ze mînen dingen, daz ich iu muoz danken lân:
ich enkan iu selbe niht gedanken als ich willen hân.
Ir habet iuwer kerzen kündeclîchen mir gesendet.
diu hât unser hâr vil gar besenget an den brân,   5

---

79. 1. Vgl. einleitung. Die *kerze* in z. 4 ist vielleicht
nur ein bildlicher ausdruck für das vom kaiser gesandte
geschenk. Es fehlt aber an einer befriedigenden erklärung
dafür, wie der dichter dazu gekommen sein könnte, das
bild anzuwenden. Wackernagel (Baseler bischofs- und
dienstmannenrecht s. 26) nimmt *kerze* im eigentlichen sinne
und leitet eine erklärung ab aus der verpflichtung der

und hânt si mir des wîzen alle vil gewendet.
iedoch hât sị ouch in der ougen vil erblendet:
sus mîn vrumẹ und iuwer êrẹ ir schilhen hất geschendet.

84 14   Si vrâgent mich vil dicke, waz ich habe gesehen,
swennẹ ich von hove rîtẹ, und waz dâ sî geschehen.   10
ich liugẹ ungernẹ, und wil der wârheit halber niht
verjehen.
Ze Nüerenberc was guot gerihte, daz sagẹ ich ze mære.
umbẹ ir milte vrâget varndez volc: daz kan wol spehen.
Die seiten mir, ir malhen schieden danne lære:
unser heimschen vürsten sîn sô hovebære,   15
daz Liupolt eine müeste geben, wan daz er gast dâ
wære.

---

baseler bischöfe, zu lichtmess ihren in der frauenkirche
anwesenden dienstmannen kerzen zu geben. Er nimmt an,
dass auch für den kaiser eine ähnliche verpflichtung gegen
seine dienstmannen bestanden habe, unter die Walther
durch seine belehnung aufgenommen sei, und dass die
übersendung an einen nichtanwesenden für eine besondere
auszeichnung gegolten habe. Das sind aber annahmen, die
zu wenig fest begründet und kaum wahrscheinlich sind.
Vgl. dazu noch Prosch Zfdph. 15, 358. Noch weniger zu-
lässig scheint es, **70** b 1 auf ähnliche weise zu erklären.
Eine eigenartige deutung mit mehreren vorschlägen zur
textänderung, aber, wie mir scheint, ohne ausreichende
überzeugungskraft, bietet Saran Beitr. 27, 199. 9. Hoftage
zu Nürnberg, bei denen Leopold von Österreich anwesend
war, fanden statt im märz **1200**, im februar **1209**, im mai
1212, im januar **1217**, ende oktober und anfang november
1219, im juni **1224**, im november **1225**. Da aber aus z. 13
hervorzugehen scheint, dass Walther selbst nicht auf frei-
gebigkeit der fürsten reflektierte, so wird der spruch nach
seiner belehnung fallen. Man setzt ihn allgemein in das
jahr **1224** ohne völlig zureichenden grund.
     15. 16. Diese zeilen sind'trotz allen auseinandersetzun-
gen darüber (vgl. ausser den ausgaben Germ. 5, 6; 20, 262;
Menzel s. 301; Blätter für das bair. gymn. 11, 214; Burdach
s. 22) noch nicht befriedigend erklärt. **17.** Vgl. einleitung.
Köln rühmt sich die gebeine der heiligen drei könige zu
verwahren, sowie die der **11 000** jungfrauen, die nach der
sage dem kaiser Karl im kampfe gegen die Sarazenen bei-

85 1 Von Kölne werder bischof, sît von schulden vrô.
ir habet dem rîche wol gedienet, und alsô
daz iuwer lop dâ enzwischen stîget unde sweibet hô.
Sî iuwer werdekeit dekeinen bœsen zagen swære,   20
vürsten meister, daz sî iu als ein unnütze drô.
Getriuwer küneges phlegære, ir sît hôher mære,
keisers êren trôst baz dan ie kanzelære,
drîer künege und einlif tûsent megede kamerære.

84 22 Ich traf dâ her vil rehte drîer slahte sanc,   25
den hôhen und den nidern und den mittelswanc,
daz mir die rederîchen iegeslîches sageten danc.
Wie künde ich der drîer einen nû ze danke singen?
der hôhe der ist mir zu starc, der nider gar ze kranc,
Der mittel gar ze spæhe an disen twerhen dingen.   30
nû hilf mir, edeler küneges rât, dâ enzwischen swingen,
daz wir als ê ein ungehazzet liet zesamene bringen.

85 9 Swes leben ich lobe, des tôt den wil ich iemer klagen.
sô wê im der den werden vürsten habe erslagen
von Kölne! ouwê des daz in diu erde mac getragen!   35
Ich enkan im nâch sîner schulde keine marter vinden:
im wære alze senfte ein eichîn wit um sînen kragen,
Ich enwil sîn ouch niht brennen noch zerliden noch
                              schinden
noch mit dem rade zerbrechen noch ouch dar ûf binden:
ich warte allez ob diu helle in lebende welle slinden.   40

17 Swer an des edeln lantgrâven râte sî,
durch sîe hübscheit, er sî dienstman oder vrî,
der mane in umbe mîn lêren sô daz ich in spür dâ bî.
Mîn junger herre ist milte erkant, man seit mir er sî
                              stæte,
dar zuo wol gezogen: daz sint gelobeter tugende drî: 45
Ob er die vierden tugent willeclîchen tæte,
sô gienge er ebene und daz er selten missetræte:
wære unsûmic.   sûmen schat dem snite und schat der
                              sæte.

---

standen. 25. Es ist unmöglich, sich von den drei hier von
Walther unterschiedenen arten des gesanges eine genauere
vorstellung zu machen.
    41. Vgl. einleitung.

10 9 Rich, herre, dich und dîne muoter, megede kint,
an den die iuwers erbelandes vînde sint.   50
lâ dir den kristen zuo ,den heiden sîn alsô den wint,
Wan si meinent beide dich mit ganzen triuwen kleine.
an dîner râche gegen in, herre vater niht erwint:
Dû weist wol daz die heiden dich niht irrent eine.
die sint wider dich doch offenlîchę unreine,   55
disę unreiner, diez mit in sô stille habent gemeine.

17 Bote, sage dem keiser sînes armen mannes rât,
daz ich deheinen bezzern weiz als ez nû stât.
ob in guotes unde liutę ieman erbeiten lât,
Sô var er baldę und komę uns schiere, lâze sich   60
niht tœren;

irrę etelîchen ouch der got und in geirret hât.
Die rehten phaffen warne, daz si niht gehœren
den unrehten die daz rîche wænent stœren;
scheide sị von in, oder scheide sị alle von den kœren.

25 Soltę ich den phaffen râten an den triuwen mîn,   65
sô spræchę ir munt den armen zuo 'sê daz ist dîn':
ir zunge sungę und liezę ir hant vil manegem man
daz sîn;

Gedæhten daz ouch si durch got ê wâren almuosenære:
dô gap in êrste geltes teil der künec Constantîn.
Hetę er gewest daz dâ von übel künftic wære,   70
sô hetę er wol underkomen des rîches swære;
wan daz si dô wâren kiuschę und übermüete lære.

33 Mîn alter klôsenære, von dem ich dô sanc,
dô uns der herre alsô sêre twanc,
der vürhtet aber der goteshûsę, ir meister werden   75
kranc.

11 Er seit, ob si die guoten bannen und den übeln singen,
man swenke in engegene den vil swinden widerswanc:
An phrüenden und an kirchen mügę in misselingen:
der sî vil die dar ûf iezuo haben gedingen
daz sị ir guot verdienen umbe daz rîchę in liehten   80
ringen.

---

69. Vgl. zu **69** 46.   73. Vgl. zu **67** 46.

10 1 Mehtiger got, dû bist sô lanc und bist sô breit,
  gedæhte wir dâ nâch daz wir unser arebeit
  verlüren! dir sint ungemezzen maht und êwekeit.
  Ich weiz bî mir wol daz ein ander ouch dar umbe trahtet:
  sô ist ez, als ez ie was, unseren sinnen unbereit.   85
  Dû bist ze grôz, dû bist ze kleine: ez ist ungahtet.
  tumber gouch, der dran betaget oder benahtet!
  wil er wizzen daz nie wart gepredigt noch gephahtet?

80 (L. 13 5).

Ouwê waz êren sich ellendet tiuschen landen!
witze unde manheit, dar zuo silber und daz golt,
Swer diu beidiu hât, belîbet der mit schanden,
wê wie den vergât des himeleschen keisers solt!
Dem sint die engele noch die vrouwen holt.   5
armman zuo der werlte und wider got,
wie der vürhten mac ir beider spot!

  Ouwê ez kumt ein wint daz wizzet sicherlîche,
dâ von wir hœren beide singen unde sagen:
Der sol mit grimme ervarn elliu künecrîche.   10
daz hœre ich wallære unde pilgerîne klagen:
Boume, türne ligent vor im zerslagen:
starken liuten wæt erz houbet abe.
nû suln wir vliehen hin ze gotes grabe.

  Ouwê wir müezegen liute, wie sîn wir versezzen   15
zwischen vreuden an die jâmerlîchen stat!
Aller arebeite heten wir vergezzen,
dô uns der sumer sîn gesinde wesen bat.
Der brâhte uns varnde bluomen unde blat:
dô trouc uns der kurze vogelsanc.   20
wol im der ie nâch stæten vreuden ranc!

---

80 1. Vgl. einleitung.
  12. Lachmann bemerkt, der dichter deute vielleicht auf
den grossen sturm im dezember 1227; aber es ist von einem
erst bevorstehenden, prophezeiten sturm die rede. Anzu-
nehmen, dass Walther gleichzeitig auf den bann Gregors
deute, ist trotz der bestimmtheit, mit der dies Lachmann
behauptet, durch nichts indiziert. 81. Vgl. Zarncke
Beitr. 2,

Ouwê der wîse die wir mit den grillen sungen,
dô wir uns solten warnen gegen des winters zît!
Daz wir vil tumben mit der âmeizen niht rungen,
diu nû vil werde bî ir arebeiten lît!   25
Daz was ie der werlte meiste strît,
tôren schulten ie der wîsen rât.
man siht wol dort wer hie gelogen hât.

81 (L. 124 1).

Ouwê war sint verswunden   alliu mîniu jâr!
ist mir mîn leben getroumet,   oder ist ez wâr?
daz ich ie wânde ez wære,   was daz allez iht?
dar nâch hân ich geslâfen   und enweiz es niht.
nû bin ich erwachet,   und ist mir unbekant 5
daz mir hie vor was kündic   als mîn ander hant.
liute unde lant, dârinne ich   von kinde bin erzogen,
die sint mir worden vremde   rehte als ez sî gelogen.
die mîne gespilen wâren,   die sint træge und alt.
bereitet ist daz velt,   verhouwen ist der walt: 10
wan daz daz wazzer vliuzet   als ez wîlent vlôz,
vür wâr mîn ungelücke   wânde ich wurde grôz.
mich grüezet maneger trâge,   der mich bekande ê wol.
diu werlt ist allenthalben   ungenâden vol.
als ich gedenke an manegen   wünneclîchen tac,   15
die mir sint entvallen gar   als in das mer ein slac.
iemer mêre ouwê.

  Ouwê wie jæmerlîche   junge liute tuont,

---

574. Man hat mit unrecht die situation so aufgefasst, als
ob Walther, nach längerer abwesenheit in die heimat zu-
rückgekehrt, dieselbe ganz verändert finde. Er wird sich
vielmehr plötzlich der grossen veränderungen bewusst, die
seit seiner jugend um ihn her vor sich gegangen sind.
Über das gedicht hat auch Burdach gehandelt in einem
vortrage vor der berliner akademie der wissenschaften,
im auszug mitgeteilt in den Sitzungsberichtne 1903 1, 612
(fast durchweg verfehlt). Ergebnislos scheinen mir die
auseinandersetzungen Wallners Beitr. 34, 188. [Über die
strophenform handelt abschliessend Kraus festschrift für
Zwierzina s. 17.]

den ê vil hovelîchen
die kunnen niwan sorgen:
swar ich zer werlte kêre,
tanzen, lachen, singen
nie kein kristenman gesach
nû merket wie den vrouwen
die stolzen ritter tragent an
uns sint unsenfte brieve
uns ist erloubet trûren
daz müet mich inneclîchen
daz ich nû vür mîn lachen
die vogelę in der wilde
waz wunders ist ob ich dâ von
wê waz sprichę ich tumber man
swer dirre wünne volget,
iemer mêrę ouwê.

Ouwê wie uns mit süezen
ich sihe die gallen mitten
diu werlt ist ûzen schœne,
und innân swarzer varwe,
swen si nû habe verleitet,
er wirt mit swacher buoze
125　dar an gedenket, ritter:
ir traget die liehten helme
dar zuo die vesten schilte
wolte got, wan wære ich
sô woltę ich nôtic armman
joch meinę ich niht die huoben
ich wolte sælden krône
die mohtę ein soldenære
möhtę ich die. lieben reise
sô woltę ich denne singen wol,
niemer mêre ouwê.

ir gemüete stuont!
ouwê wie tuont si sô?　20
dâ ist nieman vrô:
zergât mit sorgen gar:
sô jæmerlîche schar.
ir gebende stât:
dörpellîche wât.　　25
her von Rôme komen,
und vreude gar benomen.
(wir lebeten ie vil wol),
weinen kiesen sol.
betrüebet unser klage:　30
an vreuden gar verzage?
durch mînen bœsen zorn?
hât jene dort verlorn.

dingen ist vergeben!　35
in dem honegę sweben:
wîz grüenę unde rôt,
vinster sam der tôt.
der schouwe sînen trôst:
grôzer sündę erlôst.　40
ez ist iuwer dinc.
und manegen herten rinc,
und diu gewîhten swert.
der sigenünfte wert!
verdienen rîchen solt.　45
noch der herren golt:
êweclîchen tragen:
mit sîme sper bejagen.
gevarn über sê,
und niemer mêrę ouwê,　50

---

26. Gewöhnlich auf die bannung Friedrichs bezogen.
Burdach denkt wohl richtiger an die encyclica vom 1. ok-
tober 1227 an die bischöfe und die vom 8. oktober an die
fürsten.

82 (L. 76 22).

Vil süeze wære minne,
berihte kranke sinne.
got, durch dîn anbeginne
bewar die kristenheit.
Dîn kunft ist vrônebære   5
über al der werlte swære.
der weisen barmenære,
hilf rechen disiu leit.
Lœsære ûz den sünden,
wir gern zen swebenden ünden.   10
uns mac dîn geist enzünden,
wirt riuwic herzę erkant.
dîn bluot hât uns begozzen,
den himel ûf geslozzen.
nû lœset unverdrozzen   15
daz hêrebernde lant.
verzinset lîp und eigen.
77 got sol uns helfę erzeigen
ûf den der manegen veigen
der sêle hât gephant.   20
    Diz kurze leben verswindet,
der tôt uns sündic vindet:
swer sich ze gote gesindet,
der mac der hellę engân.
Bî swærę ist gnâde vunden: 25
nû heilent Kristes wunden,
sîn lant wirt schierę enbunden:
dêst sicher sunder wân.

---

82. Zu diesem und dem folgenden liede vgl. Block,
Beiträge zur kritik und erklärung zweier kreuzlieder Wal-
thers von der Vogelweide (programm des realgymnasiums
zu Stralsund, ostern 1901). 1. *minne* wird got angeredet
nach 1. Joh. 4, 8. 16 *deus caritas est*. Speziell wird sonst
der heilige geist so bezeichnet. 3. *anbeginne* ist hier nicht
recht verständlich. Die auffassung „menschwerdung" ist
bedenklich. 13. Vgl. 94 47. Christus ist hier als osterlamm
gefasst, mit dessen blute nach alttestamentlicher sitte das
volk bespritzt ward.

Künegîn ob allen vrouwen,
lâ wernde helfe schouwen.   30
dîn kint wart dort verhouwen,
sîn menscheit sich ergap.
sîn geist müezę uns gevristen,
daz wir die diet verlisten.
der touf si seit unkristen: 35
wan vürhtent si den stap
der ouch die juden villet?
ir schrîen lûtę erhillet,
manec lop dem kriuzę erschillet:
erlœsen wir daz grap!   40
   Diu menscheit muoz verderben,
suln wir den lôn erwerben.
got wolde durch uns sterben,
sîn drô ist ûf gespart.
Sîn kriuze vil gehêret   45
hât maneges heil gemêret.
swer sich von zwîvel kêret,
der hât den geist bęwart.
Sündic lîp vergezzen,
dir sint diu jâr gemezzen: 50
der tôt hat uns besezzen
die veigeṅ âne wer.
nû hellet hin gelîche
dâ wir daz himelrîche
erwerben sicherlîche   55
bî dulteclîcher zer.
got wil mit heldes handen
78 dort rechen sînen anden.
sich schar von manegen landen
des heilegeistes her.   60
   Got, dîne helfę uns sende:
mit dîner zeswen hende
bewar uns an dem ende,
sô uns der geist verlât,
Vor helleheizen wallen,   65
daz wir dar in iht vallen.
ez ist wol kunt uns allen,

wie jâmerlîch ez stât,
Daz hêre lant vil reine,
gar helfelôs und eine. 70
Jerusalêm, nû weine:
wie dîn vergezzen ist!
der heiden überhêre
hât dich verschelket sêre.
durch dîner namen êre 75
lâ dich erbarmen, Krist,
mit welher nôt si ringen,
die dort den borgen dingen.
daz sị uns alsô betwingen,
daz wendẹ in kurzer vrist. 80

83 (L. 14 38).

Allerêrst lebẹ ich mir werde,
sît mîn sündic ouge siht
15 Daz reine lant und ouch die erde
der man sô vil êren giht.
Mirst geschehen des ich ie bat, 5
ich bin komen an die stat
dâ got mennischlîchen trat.

   Schœniu lant rîchẹ unde hêre
swaz ich der noch hân gesehen,
Sô bist dûz ir aller êre. 10
waz ist wunders hie geschehen!
Daz ein maget ein kint gebar
hêrẹ über aller engel schar,
was daz niht ein wunder gar?

---

78. Unverständlich. **83.** Vgl. einleitung. Wilmanns will
nur die in A überlieferten strophen 1—21. 29—42. 50—56.
71—77 als echt gelten lassen, Mettin (Beitr. 18, 209) nur
1—44. 71—77, schwerlich mit recht. Block (vgl. zu **82**)
scheidet 57—70 aus. N bietet sämtliche strophen meines
textes, aber zum teil in unrichtiger reihenfolge. Ausserdem
an vierter stelle eine, die in E an zweiter steht, diese lautet:
*Me danne tusend hundert (hundert tosend O) wunder die
von (Hie in O) disme lande sint die kan ich iht mer (Da*

Hie liez er sich reine toufen, 15
daz der mensche reine sî.
Sît liez er sich hie verkoufen,
daz wir eigen wurden vrî.
Anders wæren wir verlorn.
wol dir, sper kriuze unde dorn! 20
wê dir, heiden! deist dir zorn.

Dô 'r sich wolte über uns erbarmen,
hie leit er den grimmen tôt,
Er vil rîche durch uns armen,
daz wir komen ûz der nôt. 25
Daz in dô des niht verdrôz,
dast ein wunder alze grôz,
aller wunder übergenôz.

Hinnen vuor der sun zer helle
von dem grabe, dâ'r inne lac. 30
Des was ie der vater geselle,
und der geist, den nieman mac
Sunder scheiden: êst al ein,
sleht und ebener dan ein zein,
als er Abrahâme erschein. 35

Dô 'r den tievel dô geschande,
daz nie keiser baz gestreit,
Dô vuor er her wider ze lande.
dô huop sich der juden leit,

von ich nicht O) *besunder unde gehahten denne (Kan ge-*
sagen als O) *ein cheine* (fehlt O) *kint wenne ein teil von*
unser e swem des niht genuoge der ge zuo den iüden die
sagent im (es O) *me.* F bietet eine vereinzelte strophe
gleichen tones, aber von ganz anderem inhalt: *Vrawe mein*
durch ewer gute   nue vernemet meine clage   das jr
durch ewer hochgemute   nich enzurnet was ich sage
vil leichte das ein tummer man   misse redet als er wol
kan   daran solt jr euch nicht keren an.

34. Vgl. 1 Mos. **18.** Der dort gegebene bericht wird
als ein beweis für die dreieinigkeit aufgefasst, weil die
drei männer von Abraham zuerst im plural, dann im sin-
gular angeredet werden: *domini mei, nunc inveni gratiam*
in oculis tuis, ne quaeso praetereas a servo tuo; **50.** Das

Daz er herrę ir huote brach,   40
und man in sît lebendic sach,
den ir hant sluoc unde stach.

16   Dar nâch was er in dem lande
vierzic tage: dô vuor er dar
Dannen in sîn vater sande.   45
sînen geist, der uns bewar,
Den santę er hin wider zehant.
heilic ist daz selbe lant:
sîn namę ist vor gotę erkant.

   In diz lant hât er gesprochen   50
einen angestlîchen tac,
Dâ diu witewe wirt gerochen
und der weise klagen mac
Und der arme den gewalt
der dâ wirt an im gestalt.   55
wol im dort, der hie vergalt!

   Unser lantrehtære tihten
vristet dâ niemannes klage:
Wan er wil zestunt dâ rihten,
sôz ist an dem lesten tage: 60
Swer deheine schulde hie lât
unverebenet, wie der stât
dort dâ'r phant noch bürgen hât!

   Nû lât iuch des niht verdriezen
daz ich noch gesprochen hân.   65
Ich wil iu die redę entsliezen
kurzlîch und iuch wizzen lân,
Swaz got mit dem menschen ie
wunders in der werlt begie,
daz huop sich und endet hie.   70

   Kristen juden und die heiden
jehent daz diz ir erbe sî:
Got müezę ez ze rehte scheiden
durch die sîne namen drî.

---

jüngste gericht findet nach dem mittelalterlichen glauben
im tale Josaphat statt auf grund von Joel 3.

Al diu werlt diu strîtet her:　　75
wir sîn an der rehten ger:
reht ist daz er uns gewer.

84 (L. 101 23).

Selpwahsen kint, dû bist zu krump:
sît nieman dich gerihten mac
(dû bist dem besemen leider alze grôz,
den swerten alze kleine),
nû slâf unde habe gemach.　　5
Ich hân mich selben des ze tump,
daz ich dich ie sô hôhe wac.
ich barc dîn ungevüege in vriundes schôz,
dîn leit bant ich ze beine,
mînen rücke ich nâch dir brach.　　10
Nû sî dîn schuole meisterlôs an mîner stat: ich kan
　　　　dir niht.
kan ez ein ander, deist mir liep, swaz liebes dir dâ von
　　　　geschiht.
doch weiz ich wol, swâ sîn gewalt ein ende hât,　dâ
　　　　stêt sîn kunst ouch sunder obedach.
102 15 Ich was durch wunder ûz gevarn:
dô vant ich wunderlîchiu dinc.　　15
ich vant die stüele leider lære stân,
dâ wîsheit adel und alter
vil gewaltic sâzen ê.

---

84. Diesen spruch bezieht Daffis auf den jungen könig
Heinrich und basiert darauf namentlich seine ansicht, dass
Walther dessen erzieher gewesen sei, vgl. einleitung. An-
ders Wackernagel zu Simrocks übersetzung **2, 185** und
Karajan, Zwei gedichte Walthers s. **13.** Lachmann setzt
die strophe in das jahr **1205,** und Wilmanns bezieht sie in
der ersten auflage auf Philipp, während er in der zweiten
sich der beziehung auf Heinrich zuneigt. Keine dieser
vermutungen ist zureichend begründet. **13.** Da findet seine
kunst keinen abschluss, bleibt wirkungslos (?). Die er-
klärung und auch die herstellung des textes ist unsicher.
Vgl. Pfeiffer Germ. **6, 365.**

14. Diese klage ist nachgeahmt vom Stricker, Kleinere
gedichte **12, 117.**

Hilf, vrouwe maget, hilf, megede barn,
den drin noch wider in den rinc   20
lâ si niht langę ir sedeles irre gân.
ir kumber manicvalter
der tuot mir von herzen wê.
Ez hât der tumbe rîche nû ir drîer stuol, ir drîer gruoz.
ouwê daz an ir drîer stat dem einen man nû nîgen   25
                          muoz!
des hinket reht und trûret zuht und siechet schame.
        diz ist mîn klage: noch klagetę ich gerne mê.

102 1 Diu minne lât sich nennen dâ
dar si doch niemer komen wil:
si ist den tôren in dem munde zam,
und in dem herzen wilde.   30
hüetet iuwer, guoten wîp.
Vor kinden berget iuwer jâ:
sô enwirt ez niht ein kindes spil.
minnę unde kintheit sint ein ander gram.
vil dickę in schœnem bilde   35
siht man leider valschen lîp.
Ir sult ê spehen, war umbe, wie, wennę unde wâ und
                          rehte weme
ir iuwer minneclîchez jâ sô teilet mite daz ez iu zeme.
sich, minne, sich, swer alsô spehe, der sî dîn kint, sô
                          wîp sô man: die andern dû vertrîp.

85 (L. 85 25).

Ich sach hie vor eteswenne den tac,
daz unser lop was gemeinę allen zungen.
Swâ uns dehein lant iender nâhe gelac,
daz gerte suonę oder ez was betwungen.
Rîcher got, wie wir nâch êren dô rungen!   5
dô rieten die alten, und tâten die jungen.
nû krumbę unde tumbę unser rihtære sint, —
(diz bîspel ist manegem ze merkenne blint)
waz nû geschehe dâ von, meister, daz vint.

---

85. Von Rieger auf die regierung Hein-
richs bezogen, vgl. zu **71 27.**

86 (L. 104 33).

Daz milter man gar wârhaft sî,
geschiht daz, dâ ist wunder bî.
der grôze wille der dâ ist,
105 wie mac der werden gendet?
Dêswâr dâ hœret witze zuo   5
und wachen gegen dem morgen vruo
und anders manec schœner list,
daz ez iht werde erwendet.
Der alsô tuot,
der sol den muot   10
an riuwe selten kêren:
mit witzen sol erz allez wegen,
und lâze got der sælden phlegen.
sô sol man stegen
nâch lange wernden êren.   15

87 (L. 87 1).

Nieman kan mit gerten
kindes zuht beherten:
den man zêren bringen mac,
dem ist ein wort als ein slac.   5
Dem ist ein wort als ein slac,
den man zêren bringen mac:
kindes zuht beherten
nieman kan mit gerten.
 Hüetet iuwer zungen:
daz zimt wol den jungen.   10
stôz den rigel vür die tür,
lâ kein bœse wort dar vür.
Lâ kein bœse wort dar vür,
stôz den rigel vür die tür:
daz zimt wol den jungen.   15
hüetet iuwer zungen.
 Hüete iuwer ougen
offenbare und tougen.
lât si guote site spehen
und die bœsen übersehen.   20
Und die bœsen übersehen

lât si guote site spehen:
offenbârę und tougen
hüetet iuwer, ougen.

Hüetet iuwer ôren,   25
oder ir sît tôren.
lât ir bœsiu wort dar in,
daz gunêret iu den sin,
Daz gunêret iu den sin,
lât ir bœsiu wort dar in.   30
oder ir sît tôren,
hüetet iuwer ôren.

Hüetet wol der drîeı
leider alze vrîer.
zungen ougen ôren sint   35
dicke schalchaft, zêren blint.
Dicke schalchaft, zêren blint
zungen ougen ôren sint.
leider alze vrîer
hüetet wol der drîer.   40

88 (L. **102** 29)

Mirst diu êrę unmære,
dâ von ich ze jâre wurdę unwert,
Und ich klagende wære
'wê mir armen hiure! diz was vert.'
Alsô hân ich manegen kranz verborn   5
und bluomen vil verkorn.
jô bræchę ich rôsen wunder, wan der dorn.

Swer sich sô behaltet
daz im nieman niht gesprechen mac,
103 Wünneclîchę er altet.   10
im enwirret niht ein halber tac.
Des ist vrô, swennę er ze tanze gât,
swes herzę ûf êre stât.
wê im, des sîn gesellę unêre hât!

Man sol iemer vrâgen   15
von dem man, wiez umbe sîn herze stê.
Swen des wil betrâgen,

der enruochet wie diu zît zergê.
Maneger schînet vor den vremden guot,
und hât doch valschen muot. 20
wol im ze hove, der heime rehte tuot!

89 (L. 59 37).

Wie sol man gewarten dir,
Werlt, wilt alsô winden sich?
60 Wænest dich entwinden mir?
nein: ich kan ouch winden mich.
Dû wilt sêre gâhen, 5
und ist vil unnâhen
daz ich dich noch sül versmâhen.

Dû hâst lieber dinge vil,
der mir einez werden sol.
Werlt, wiech daz verdienen wil! 10
doch soltû gedenken wol
ob ich ie getræte
vuoz von mîner stæte,
sît dû mich dir dienen bæte.

Werlt, dû ensolt niht umbe daz 15
zürnen, ob ich lônes man.
Grüeze mich ein wênic baz,
sich mich minneclîchen an.
Dû maht mich wol phenden
und mîn heil erwenden: 20
daz stêt, vrouwe, in dînen henden.

Ich enweiz wie dîn wille stê
wider mich: der mîne ist guot
Wider dich. Waz wil dûs mê,
Werlt, von mir, wan hôhen muot? 25
Wiltû bezzer wünne,
danne man dir günne
vreude und der gehelfen künne?

Werlt, tuo mê des ich dich bite:
volge wîser liute tugent. 30
Dû verderbest dich dâ mite,

_____

[**89**. Vgl. Kraus Zfda. 70, 105.]

wiltû minnen tôren jugent.
Bite die alten êre
daz si wider kêre
und aber dîn gesinde lêre.　　　　　　　　35

90 (L. 116 33).

116 33 Bî den liuten nieman hât
ze vreuden hovelîchern trôst dan ich:
Sô mich sende nôt bestât,
sô schîne ich geil und trœste selben mich.
Alsô hân ich dicke mich betrogen　　　　　　5
unde durch die werlt mir manege vreude erlogen:
daz liegen was aber lobelich.

117 8 　Leider ich muoz mich entwenen
vil maneger wünne der mîn ouge an sach:
War nâch sol sich einer senen,　　　　　　10
der niht geloubet swaz hie vor geschach?
Der weiz lützel waz daz sî, gemeit.
daz ist senender muot mit gerender arebeit.
vil sælic sî daz ungemach!

117 1 　Maneger wænet, der mich siht,　　　　15
mîn herze sî an vreuden iemer hô.
Hôher vreude hân ich niht,
und wirt mir niemer wider, wan alsô:
Werdent tiusche liute wider guot,
unde trœstet si mich, diu mir leide tuot,　　　20
sô wirde ich aber wider vrô.

117 15 Ich hân ir gedienet vil,
der werlte, und wolte ir gerne dienen mê,
Wan daz si übel danken wil,
und wænet des daz ich mich niht verstê.　　25

---

35. E fügt noch zwei strophen hinzu: *Werlt wie lange
sol ich gern　du weist wol wes unde wa　du muost
miner fraude enpern　mir enwerde buoz alda　get heim
hie ist gesungen　wirde ich hie verdrungen　so beslüzze
ich mine zungen.　Ich han ir (dir Lachm.) gedienet so
werlt das ich mis niht schame　swie du mich mit lone
maches fro　dir geschiht vil lihte alsame　ich wölte
oc ein vil cleine　weistu waz ich meine　wider liebe
liep daz eine.*

Ich verstên michs wol an eime site:
des ich aller sêrest ger, sô ich des bite,
sô gît siz einem tôren ê.

   Ich enweiz wiechz erwerben mac.
des man dâ phliget, daz widerstuont mir ic: 30
Wirbe aber ich sô man ê phlac,
daz schadet mir lîhte: sus enweiz ich wie.
Doch verwæne ich mich der vuoge dâ,
daz der ungevüegen werben anderswâ
genæmer sî dan wider sie.   35

91 (L. 100 24).

Vrô Werlt, ir sult dem wirte sagen
daz ich im gar vergolten habe:
Mîn grôziu gülte ist abe geslagen;
daz er mich von dem brieve schabe.
Swer im iht sol, der mac wol sorgen.   5
ê ich im lange schuldic wære, ich wolte ê zeinem juden
er swîget unz an einen tac: [borgen.
sô wil er danne ein wette hân,   sô jener niht ver-
  'Walther, dû zürnest âne nôt: [gelten mac.
dû solt bî mir belîben hie.   10
Gedenke wie ich dirz erbôt,
waz ich dir dînes willen lie,
Als dicke dû mich sêre bæte.
101 mir was vil inneclîche leit daz dû daz ie sô selten tæte.
bedenke dich: dîn leben ist guot: 15
sô dû mir rehte widersagest,   sô wirstû niemer wol
  Vrô Werlt, ich hân ze vil gesogen; [gemuot.'
ich wil entwonen, des ist zît.
Dîn zart hât mich viel nâch betrogen,
wande er vil süezer vreuden gît.   20
Dô ich dich gesach rehte under ougen,

---

   91 1. Der wirt ist der teufel, der als inhaber der welt
gedacht wird, dem man zu bezahlen hat, was man darin
geniesst.

   21. Diese vorstellung von der welt begegnet auch
sonst, besonders in der erzählung Konrads von Würzburg
Der werlte lôn.

dô was dîn schœne an ze schouwen wünneclîch al sunder
doch was der schanden alse vil,   [lougen:
dô ich dîn hinden wart gewar,   daz ich dich iemer
   'Sît ich dich niht erwenden mac,   [schelten wil.   25
sô tuo doch ein dinc des ich ger:
Gedenke an manegen liehten tac,
und sich doch underwîlent her
Niwan sô dich der zît betrâge.'
daz tæte ich wunderlîchen gerne, wan deich vürhte   30
vor der sich nieman kan bewarn.   [dîne lâge,
got gebe iu, vrouwe, guote naht: ich wil ze here-
                                                berge varn.

92 (L. 66 21).

Ir reinen wîp, ir werden man,
ez stêt alsô daz man mir muoz
êre unde minneclîchen gruoz
noch volleclîcher bieten an.
Des   habet ir von schulden grœzer reht dan ê: 5
welt ir vernemen, ich sage iu wes:
wol   vierzic jâr habe ich gesungen oder mê
von minnen und als ieman sol.
Dô was ichs mit den andern geil:
nû enwirt mirs niht, ez wirt iu gar.   10
mîn minnesanc der diene iu dar,
und iuwer hulde sî mîn teil.
   Lât mich an eime stabe gân
und werben umbe werdekeit
mit unverzageter arebeit,   15
als ich von kinde habe getân,
Sô   bin ich doch, swie nider ich sî, der werden ein,
67 genuoc in mîner mâze hô.
daz   müet die nideren. ob mich daz iht swache? nein.
die werden hânt mich deste baz.   20
Diu wernde wirde diust sô guot,

---

92. Vgl. einleitung. **13.** „Gesetzt auch ich ginge zu
fuss am wanderstabe (wie ein bettler)." Walther war in
wirklichkeit auch in seiner dürftigsten zeit immer zu
pferde, vgl. **76**, 38.

daz man irz hœhste lop sol geben.
ez enwart nie lobelîcher leben,
swer sô dem ende rehte tuot.

Werlt, ich hân dînen lôn ersehen: 25
swaz dû mir gîst, daz nimst dû mir.
wir scheiden alle blôz von dir.
scham dich, sol mir alsô geschehen.
Ich   hân lîp unde sêle (des was gar ze vil)
gewâget tûsentstunt durch dich: 30
nû   bin ich alt und hâst mit mir dîn gampelspil:
und zürne ich daz, sô lachestû.
Nû lache uns eine wîle noch:
dîn jâmertac wil schiere komen,
und nimt dir swaz dû uns hâst benomen,   35
und brennet dich dar umbe iedoch.

67 32 Ich hâte ein schœnez bilde erkorn;
ouwê daz ich ez ie gesach
oder ie sô vil zuo zim gesprach!
ez hât schœne unde rede verlorn.   40
Dâ   wonte ein wunder inne: daz vuor ich enweiz war:

  68 dâ von gesweic daz bilde iesâ
sîn   liljerôsevarwe sô karkelvar,
daz ez verlôs smac unde schîn.
Mîn bilde, ob ich bekerkelt bin   45
in dir, sô lâ mich ûz alsô
daz wir ein ander vinden vrô!
wan ich muoz aber wider in.

67 20 Mîn sêle müeze wol gevarn!
ich hân zer werlte manegen lîp   50
gemachet vrô, man unde wîp:
künde ich dar under mich bewarn!
Lobe   ich des lîbes minne, deist der sêle leit:
si giht, ez sî ein lüge, ich tobe.
der   wâren minne giht si ganzer stætekeit ,   55
wie guot si sî, wie si iemer wer.

---

25. Die drei strophen gehören vielleicht zu einem liede
zusammen. [Vgl. Kraus Festschrift des wiener akad. ger-
manistenvereins s. **105**.] **37.** Das gebilde ist der eigene leib.

Lîp, lâ die minne diu dich lât,
und habe die stæten minne wert:
mich dunket, der dû hâst gegert,
dju sî niht visch unz an den grât.   60

93 (L. 122 24).

Ein meister las,   troum unde spiegelglas,
daz si zem winde   bî der stæte sîn gezalt.
Loup unde gras,   daz ie mîn vreude was,
swiez nû erwinde,   ez dunket mich alsô gestalt;
Dar zuo die bluomen manicvalt,   5
diu heide rôt, der grüene walt.
der vogele sanc ein trûric ende hât;
dar zuo der linde   süeze und linde.
sô wê dir, Werlt, wie dirz gebende stât!

  Ein tumber wân   den ich zer werlte hân,   10
123 derst wandelbære,   wande er bœsez ende gît:
Ich solte in lân,   kunde ich mich wol verstân,
daz er iht bære   mîner sêle grôzen nît.
Mîn armez leben in sorgen lît:
der buoze wære michel zît.   15
nû vürhte ich siecher man den grimmen tôt,
daz er mit swære   mir geswære.
vor vorhten bleichent mir diu wangen rôt.

  Wie sol ein man   der niwan sünden kan,
genâden dingen   oder gewinnen hôhen muot?   20

---

93. Die echtheit dieses liedes ist angezweifelt. In-
dessen ist die künstlichkeit der form auch andern
gedichten aus Walthers späterer lebenszeit eigen, und
aus derselben erklärt sich manches gesuchte im aus-
druck. *las* in z. 1 bedeutet soviel als „dichtete", „sagte
in seinem gedichte", indem die nicht sangbaren
gedichte gewöhnlich durch vorlesen verbreitet wur-
den, und der dichter selbst der erste vorleser zu sein
pflegte. Das zitat bezieht sich vielleicht auf Wolframs
Parz. 1, 20: *zin anderhalp ame glase gelîchet* (zinn, auf der
rückseite des glases geglättet, d. h. ein spiegel) *und des
blinden troum, die gebent antlützes roum* (schattenbild).
doch mac mit stæte niht gesîn dirre trüebe lîhte schîn.

Sit ich gewan   den muot daz ich began
zer werlte dingen   merken übel unde guot,
Dô greif ich, als ein tôre tuot,
zer winstern hant rehte in die gluot,
und mêrte ie dem tievel sînen schal.   25
des muoz ich ringen   mit geringen:
nû ringe und senfte ouch Jêsus mînen val.

   Heiliger Krist,   sît dû gewaltic bist
der werlt gemeine,   die nâch dir gebildet sint,
Gip mir die list   daz ich in kurzer vrist   30
alsam gemeine   dich sam dîne erwelten kint.
Ich was mit sehenden ougen blint
und aller guoten sinne ein rint,
swiech mîne missetât der werlte hal.
mache ê mich reine,   ê mîn unreine   35
versenke mich in daz verlorne tal.

94 (L. 3 1).

Got, dîner trînitâte,
die ie beslozzen hâte
dîn vürgedanc mit râte,
der jehen wir, mit drîunge
diu drîe ist ein einunge.   5

   Ein got der hôhe hêre,
sîn ie selpwesende êre
verendet niemer mêre.
nû sende uns dîne lêre.
uns hât verleitet sêre   10

---

23. Vgl. Liebrecht Germ. 1, 475.
   94. Dies gedicht ist der einzige leich Walthers, d. h.
ein der form der lateinischen sequenzen nachgebildetes
lied, aus ungleichen strophen bestehend, aber doch nicht
ohne eine gewisse symmetrische gruppierung. Ueber den
bau dieses leiches handelt Bartsch Germ. 6, 187. Die rich-
tigkeit seiner auffassung scheint mir aber nicht gesichert.
Vgl. ferner Schade, Wissenschaftl. monatsbl. 3, 29. Eine
berichtigung der Lachmannschen lesarten gibt Zarncke
Beitr. 7, 599. Sachliche anmerkungen bietet Fasching
Germ. 22, 436. 23, 34.

die sinne ûf manege sünde
der vürste ûz helle abgründe.

Sin ràt und brœdes vleisches gir
die hânt geverret, herre, uns dir.
sît disiu zwei dir sint ze balt   15
und dû der beider hâst gewalt,
Sô tuo daz dînem namen ze lobe,
und hilf uns daz wir mit dir obe
geligen, und daz dîn kraft uns gebe
sô starke stæte widerstrebe,   20

Dâ von dîn name sî gêret
und ouch dîn lop gemêret.
dâ von wirt er gunêret,
der uns dâ sünde lêret

Und der uns ûf unkiusche jaget: 25
sîn kraft von dîner kraft verzaget.
des sî dir iemer lop gesaget,
und ouch der reinen süezen maget,
von der uns ist der sun betaget,
4 der ir ze kinde wol behaget.   30

Maget und muoter, schouwe   der kristenheite nôt,
dû blüende gerte Arônes,   ûf gênder morgenrôt,
Ezechîêles porte,   diu nie wart ûf getân,
durch die der künec hêrlîche   wart ûz und in gelân.
alsô diu sunne schînet   durch ganz geworhtez glas, 35
alsô gebar diu reine Krist,   diu maget und muoter was.
Ein bosch der bran,   dâ nie niht an   besenget
noch verbrennet wart:

---

31. Die hier zum preise der jungfrau verwendeten epitheta und vergleichungen sind alle traditionell, schon vor Walther in der mittelalterlichen poesie angewendet. Darüber handelt W. Grimm in der vorrede zu seiner ausgabe der Goldenen schmiede von Konrad von Würzburg, vollständiger A. Salzer, Die sinnbilder und beiworte Mariens (programme des gymnasiums zu Seitenstetten). Linz 1886—93. 32. Vgl. 4 Mos. 17, 8 und Hoheslied 6, 9. 33. Vgl. Hesekiel 44, 2. 35. Häufiges bild für die unverletzte jungfräulichkeit, vgl. Grimm XXXI, 12. 37. Vgl. 2 Mos. 3, 2

breit unde ganz　　beleip sîn glanz　　vor viures vlamme
　　　　　　　　　　　　　　　　　　　　unverschart.
daz was diu reine　　　maget aleine,　　diu mit maget-
　Kindes muoter worden ist　　　　　　[lîcher art　　40
âne aller manne mitewist,
und wider menneschlîchen list
den wâren Krist
gebar, der uns bedâhte.

Wol ir, daz si den ie getruoc,　　　　　　　　　45
der unsern tôt ze tôde sluoc!
mit sînem bluote er ab uns twuoc
den ungevuoc
den Êven schulde und brâhte.

Salomônes　　hôhes trônes　　bistû, vrouwe, ein selde hêr
　　　　　　　　　　und ouch gebietærinne.　　50
balsamîte,　　　margarîte,　　　ob allen megeden bistû,
　　　　　　　maget, ein maget, ein küneginne.
gotes lambe　　was dîn wambe　　ein palas kleine,
5　　　　　　　dâ ez reine　　lac beslozzen inne.

　Dem lambe ist gar
gelîch gevar
der megede schar:　　　　　　　　　　55
die nement sîn war
und kêrent swar ez kêret.

Daz lamp daz ist
der vrône Krist,
dâ von dû bist　　　　　　　　　　60
nû alle vrist
gehœhet und gehêret.
des bistû vrouwe gêret.
Nû bite in daz er uns gewer
durch dich des unser dürfte ger:　　　　　65

---

　　47. Vgl. zu **82** 13. **50.** Vgl. Georg von Reinbot von
Durne 2731: *hôhe phalenz vrône, hern Salomônis trone.*
Sonst wird Maria selbst Salomos thron genannt, vgl. 1 (3)
Kön. 10, 18. **51.** Vgl. Grimm XLIII, 2. XLI, 15. **52.** Vgl.
ebenda XXXVI, 30. **53.** Vgl. Apoc. 14, 4.

dû sendę uns trôst von himele her:
des wirt dîn lop gemêret.
  Maget vil unbewollen,
der Gêdêônes wollen
gelîchestû bevollen,   70
die got begôz mit sîme himeltouwe.
Ein wort ob allen worten
entslôz dîner ôren porten,
des süezę an allen orten
dich hât gesüezet, süeze himelvrouwe.   75
  Swaz ûz dem wortę erwahsen sî,
daz ist von kindes sinnen vrî:
ez wuohs ze gotę, und wart ein man.
dâ merket allę ein wunder an:
ein got der ie gewesende wart   80
ein man nâch menneschlîcher art.
swaz er noch wunders ie begie,
daz hât er überwundert hie.
des selben wunderæres hûs
war einer reinen megede klûs   85
wol vierzic wochen und niht mê
ânę alle sündę und âne wê.
  Nû biten wir die muoter   und ouch der muoter barn,
6 si reinę und er vil guoter,   daz si uns tuon bewarn:
wan âne si kan nieman   hie noch dort genesen: 90
und widerredet daz ieman,   der muoz ein tôre wesen.
  Wie mac des iemer werden rât,
der umbe sîne missetât
niht herzelîcher riuwe hât?
sît got dekeine sünde lât,   95
  Die niht geriuwent zaller stunt
hin abę unz ûf des herzen grunt.
dem wîsen ist daz allez kunt,
daz niemer sêle wirt gesunt,
diu mit der sünden swertę ist wunt,   100
si enhabe von grunde heiles vunt.
  Nû ist uns riuwe tiure:
si sendę unz got ze stiure
    68. Vgl. Richter 6, 37.

bî sînem minneviure.

sîn geist der vil gehiure   105
    Der kan wol herten herzen geben
wâre riuwe und lîhtez leben.
dâ wider solte nieman streben.
    Swâ er die riuwe gernde weiz,
dâ machet er die riuwe heiz: 110
ein wildez herze er alsô zamt,
daz ez sich aller sünden schamt.
    Nû sende uns, vater unde sun, den rehten geist her abe,
daz er mit sîner süezen viuhte ein dürrez herze erlabe.
unkristenlîcher dinge ist al diu kristenheit sô vol.   115
swâ kristentuom ze siechhûs lît,   dâ tuot man im niht
                                                     wol.
    In dürstet sêre   nâch der lêre   als er von Rôme
                              was gewon:
der im die schancte   und in dâ trancte   als ê, dâ
    Swaz im dâ leides ie gewar,   [wurde er varnde von.
daz kam von sîmonîe gar,   120
nû ist er dâ sô vriunde bar,
7 daz er engetar
niht sînen schaden gerüegen.
    Kristentuom und kristenheit,
    der disiu zwei zesamene sneit,   125
gelîche lanc, gelîche breit,
liep unde leit,
der wolte ouch daz wir trüegen
    In Kriste kristenlîchez leben.
sît er uns hât ûf ein gegeben,   130
sô suln wir uns niht scheiden.
Swelch kristen kristentuomes giht
an worten, und an werken niht,
der ist wol halp ein heiden.
Daz ist unser meiste nôt: 135
daz eine ist âne daz ander tôt:
nû stiure uns got an beiden,
    Und gebe uns rât,

. . . .

sît er uns hât   140

sîn hantgetât
geheizen offenbâre.
Nû senftę uns, vrouwe, sînen zorn,
barmherzic muoter ûz erkorn,
dû vrîer rôse sunder dorn,   145
dû sunnevarwiu klâre.
    Dich lobet der hôhen engele schar:
doch brâhten si dîn lop nie dar
daz ez volendet wurde gar.
    Swaz lobes sî gesungen   150
in stimmen oder von zungen
ûz allen ordenungen
ze himelę und ûf der erde,
des manen wir dich werde,
    Und biten umbę unser schulde dich,   155
daz dû uns sîst genædiclich,
    Sô daz dîn betę erklinge
vor der barmungę urspringe:
sô hân wir des gedinge,
diu schulde werde ringe,   160
    Dâ mite wir sêre sîn beladen.
hilf uns daz wir si abe gebaden

8   Mit stæte wernder riuwe   umbę unser missetât,
die âne got und âne dich nieman ze gebenne hât.

---

145. Vgl. Grimm XXXVI, 34; vgl. auch **68** 33.

Zweifelhaftes und unechtes.

95 (L. s. 183).

Sît mir dîn niht mêr werden mac,
wan daz ich kûme dich gesê,
Wünsche ich dir heiles naht und tac,
und bin ouch iemer an der vlê,
Daz dich got vor valscher diet bewar   5
und leite dich alzan der engel schar.
ouch bite ich, swâ du mich ersêst,
daz dû tougen
dich schône mit den ougen
zuo mir neiges   10
und mir ein kleine liebe erzeiges:
sô enruoche ich ob dû mich mit worten vêst.

'Man mac wol offenbâre sên
dîn scheiden an den ougen mîn:
Nû sprich, wie wære mir geschên,   15
hete ich getân den willen dîn?
Sô enwürde ich niemer rehte vrô,
dû enkæmest wider, ich wirde iedoch alsô.
dû bist mir ein vremder man.
wê warumbe   20
klage ich sô sêre, ich tumbe,
durch daz eine,
daz wir ie wâren mit rede gemeine?
doch wizze deich dir wol ze lebenne gan.'

Ich hân vil kleine an dir bejaget   25
wan underwîlen einen gruoz.
Dû hâst mir aber sô wol versaget,
daz ich dir iemer dienen muoz.
Ob ich an dir niht erworben hân,

---

95. In E und F überliefert, in gleichem tone wie **53**,
nur dass die fünfte zeile eine hebung weniger hat, was
aber vielleicht auf rechnung der überlieferung kommt. Be-
denken gegen Walthers verfasserschaft erregen nur die
reime *gesê : flê, ersêst : vêst*, von denen man aber doch
nicht behaupten kann, dass sie ihm durchaus nicht zuzu-
trauen sind. Beachtenswert ist es, dass es sich hier um
einen abschied handelt wie in **53** 1 und wahrscheinlich
auch **53** 25. Auch kommt diese art zwiegespräch in der
lyrik nach Walther fast gar nicht mehr vor.

wol mich! sô enhât ein ander ouch getân:⁣   30
alsô kanstû wesen gemeit.
got dir lône
daz dû mich hielte schône.
wis gesunde:
wê daz ich dich alsô vunde!⁣   35
nû, vrouwe, gedenke an alle stætekeit.

96 (L. s. **XIII**).

Jâ lige ich mit gedanken   der allerbesten bî.
mirst leist daz ich si ie gesach,   sol si mir vremede sîn.
ich enmac ir niut vergezzen   deheine zît: sist guot;
und ist behuot:
des trûret mir der muot.⁣   5
ir sult mir alle helfen   klagen diu leit·diu man mir tuot.

97 (L. s. **XIII**).

Herzeliebez vrouwelîn,
tuo an mir dîn êre!
dâ von soltû sælic sîn
XIV hiute und iemer mêre.
vrouwe, dû solt machen⁣   5
mich und manegen vrô,
daz wir dich an lachen.
wol dir, [und] tuost alsô!
vrouwe, dû solt tragen
pheller unde sîden,⁣   10
daz si gar verzagen,
jene die uns dâ nîden:
und suln als schône zieren dich,
daz dû noch solt geweren mich.

98 (L. **XV**).

Jâ waz wirt der kleinen vogelîne?
der kalte snê
der tuot in wê.

---

96. In A überliefert. Strophenform und stil ist sehr
altertümlich. Das gedicht müsste zu den frühsten ver-
suchen Walthers gehören, wenn es ihm zukäme. **97**, in E
überliefert, deutet auf ein ähnliches verhältnis wie **12**.
98. Dies und die beiden folgenden lieder sind in E über-
liefert. Das versmass scheint zerrüttet, da die zweite zeile
der stollen bald zwei, bald drei hebungen hat. Die letzte
strophe wird von Lachmann abgetrennt.

Daz sint nû die meiste swære mîne,
mir envüege got   5
solhen spot
Daz diu schœne gnâde an mir spæte,
diu mir næhest mînen arm vernæte.

   Ouwê daz ich alsô rehte verre
von ir hin   10
gevaren bin!
Jô vürhte ich sêre daz ez mir gewerre,
daz sị ein ander siht,
und ich niht.
Wolte got, und wæren sị alle tôren,   15
die ir sô vil gerûnen zuo den ôren!

   Wil si wider si sô lange strîten
als wider mich,
daz lobẹ ich:
Sô getuot siz noch in langen zîten.   20
ê dennẹ ez ergê,
ich kum ê.
Wan des einen vürhtẹ ich harte sêre:
kan ich vil, si künnen lîhte mêre.

   Tumbe liute nement mich besunder,   25
und vrâgent bî,
wer si sî.
Rieten siz, daz wærẹ ein michel wunder;
wan daz nie geschach
des ich dâ jach.   30
Muget ir hœren gemelîchiu mære?
gernẹ westẹ ich selbe wer si wære.

99 (L. **XVI**).

Ich hân die zît   wol gesehen an der linden:
sist worden val:
Ouwê jô lît   al ir loup vor den winden
verrẹ inme tal.
Des müezen beide   5
walt unde heide
werben ze leide.

   Swaz grüenes was,   daz blîchet besunder

  . . . .
Loup unde gras,   schœne bluomen dar under   10

  . . . . .
Noch klagẹ ich mêre,

daz die vogel hêre
trûrent ze sêre.
   Als ez nû stât,   sô ist ez ze sorgen   15
sêre gewant.
Der winter hât   michel êre verborgen,
die ich hân genant.
Daz klagetę ich vil kleine.
woltę ein wîp aleine.   20
ouwê si vil reine!
   Swer wîp wil sehen   beide schœnę unde wîse,
der sol vrâgen dar:
Sô muoz er jehen   daz nie sunne ze prîse
stüende sô gar.   25
Hôrt ir ie baz grüezen
mit worten sô süezen,
ich wil lüge büezen.
   Dâ mac ein man   wol verliesen die sinne
von grôzer nôt.   30
Lachet sį in an,   sôst ir munt und ir kinne
wîz unde rôt.
Seht, disiu schulde
machet deich dulde
nôt umbę ir hulde.   35
   Sich, sælic wîp,   daz ich sô lange mîde
dich, daz tuot mir wê.
Dîn süezer lîp   ist unsenftę als ein sîde,
swarz als ein snê.
Nach solhen güeten   40
mac mîn herze wüeten:
wie sol ichz behüeten?

100 (L. **XVII** 1).

Jârlanc sint die tage trüebe,
lützel ist daz sich ze vreuden üebe.
Des sint löuber unde gras
verdorben, dar zuo bluomen unde klê,
Daz der ougen wünne was.   5
den vogelen tuot der kalte rîfe wê.
   Sumer, dû hâst manege güete,
dû gîst al der werlte hôchgemüete.
Winter, hâstû trôstes iht,
sô trœste mich, daz ich gelobe dich.   10
Leider, dû hâst liebes niht,
wan ein: des selben des gelüstet mich.

Winter, dû hâst lange nehte.
der ist sælic, dem si kumen rehte.
Der mit vreuden leben sol   15
bî . . . . ., dem sint si niht ze lanc:
Dem entæte niht sô wol
der blüende meie noch sîn vogelsanc.

Ligent si âne angest unde warme,
si an sînem munde, er an ir arme,   20
Sôst in liep der kurze tac.
der langen naht sint si, ich wæne, vrô:
Lît man noch als man dô lac,
dô ichs phlac, sô ist ez noch alsô.

Wol bedorfte ich guoter sinne: 25
mich entrœstet weder zît noch minne.
Wâ von ist mir daz geschehen,
wan daz ich mich durch vriunt versûmet hân?
Wellen si daz übersehen,
daz stêt in übele, und hân ich wol getân.   30

101 (L. **XVII** 31).

Wie hân ich unsælic man
zallen spilen sô getân ungevelle,
Daz ich niht gedienen kan
daz mir ieman rehte lônen welle?
mac ich dienen anderswâ,   5
dâ mîn dienest mich vervâ,
als ich bite, daz man spreche jâ?

XVIII Wære ich bî ir tûsent jâr,
sô enkunde ich aller rede mêre,
Wan daz ich ir gerne wâr   10
sage und liep hân ir lîp und ir êre.
Des biute ich ir mînen eit:
wil sis grœzer sicherheit,
mac si sprechen jâ, ich bin bereit.

Eines dinges prîse ich sie,   15
daz si ist sô rehte wol versunnen,
Daz si gerne mîdet die
die sô vil unnützer rede kunnen.
Wol mich daz si erkennen kan
einen lachenden man!   20
daz sint dinc der ich ir vil wol gan.

---

101. In E und F.

Kündę ich des geniezen iht
daz sį an mir genædeclîche tæte,
Sô enkündę ich verderben niht:
sus ist al mîn vreude gar unstæte.   25
Seht an disen grîsen roc:
ich gewinnę alsolhen loc
und ein grâwez kinne als ein boc.

102 (L. 47 16).

Ich minne, sinne, lange zît:
versinne   Minne   sich,
wie si schône   lône   mîner tage.
Nû lône   schône: dêst mîn strît:
vil kleine   meine   mich,   5
niene meine   kleine   mîne klage,
Unde rihte
grôz unbilde
daz ein ledic wîp
mich verderbet   10
gar âne schulde.
zir gesihte
wirdę ich wilde,
mich enhabę ir lîp
der enterbet,   15
noch ger ich hulde.
wære   næære   stæter man,
so sôlte,   wolte   si, mich an
eteswenne   dennė   ouch sehen,
sô ich genuoge   vuoge   kunde spehen.   20

103 (L. 71 19. MF. 152 25).

'Ich hœrę im maneger êren jehen,
der mir ein teil gedienet hât.
Der im inz herze kan gesehen,
an des genâde suochę ich rât,

---

102. In BC Walther, in A Reinmar zugeschrieben.
Der anhang der heidelberger Freidankhandschrift enthält
eine strophe in dem gleichen tone [Pfeiffer, Freie forsch.
s. 214].
     103. Teils Walther, teils Reinmar zugeschrieben. Die
bessere gewähr ist für den letzteren, von dem noch eine
reihe anderer strophen des gleichen tones erhalten sind
(vgl. Beitr. 2, 552).

Daz er mirz rehtę erscheine.   5
nû vürhtę aber ich daz erz mit valsche meine.
tætę er mir noch den willen schîn,
hætę ich iht liebers dan den lîp,   des müestę er herre sin.'

  Wie kumt daz ich sô wol verstân
ir redę, und si der mîner niht,   10
Und ich doch grôze swære hân,
wan daz man mich vrô drunder siht?
Ein ander man ez lieze:
nû volgę aber ich, swie ich es niht genieze.
swaz ich dar umbe swære tragę,   15
dâ ensprichę ich niemer übel zuo,   wan sô vil daz ichz klage.

Ich lebetę ie nâch der liute sage,
wan daz si niht gelîche jehent.
Als ich ein hôhez herze trage
und si mich wolgemuoten sehent,   20
Daz hazzet einer sêre,
der ander giht, mir sî diu vreudę ein êre.
nû enweiz ich wem ich volgen sol;
wan hetę ich wîsheit unde sin,   ich tæte gerne wol.

Ist daz mich dienest helfen sol   25
als ez doch manegen hât getân,
Sô gewinnet mir ir hulde wol
ein wille den ich hiute hân.
Der riet mir deich ir bæte,
und zurndę aber siz, daz ich ez dannoch tæte.   30
nû wil ichz tuon, swaz mir geschiht.
ein reine wîse sælic wîp   lâzę ich sô lîhte niht.

104 (L. s. **166**).

Ein wîp mit wîbes güete,
diu rehtę in wîbes sinne treit ein wiplîch hôchgemüete,
diu wîbet sich sô schône daz ir wîpheit sælde birt.
Wol ir diu sich sô wîbet,
daz si in rehter wîbes tugent bî wîbes zuht belîbet.   5
der weiz ich eine, diu des niemer vuoz verstôzen wirt.
Diu reine minneclîche tuot
sô rehte an allen dingen,   dâ von ir stæte wîbes êre sint
und ouch ir lîp   [behout,
vor valsche gar. si ist sô guot,   10
daz ich sie næmę, und soltę ich weln ûz al der werltę ein wîp.

---

104. In a unter Waltherschen liedern.

Nû hœret, lât iuch wîsen,
wie sich ein sælic vrouwe sol vür ander vrouwen prîsen,
sô daz ir lop bekêret nâch der besten volge sî.
Si sol die hôchvart mîden,   15
dâ mitę ein sælic vrouwe mac ir wîbes zuht versnîden,
und sol doch rehtes hôhes muotes niemer werden vrî.
Si minne zuht und hôhen muot,
sî stætę an allen dingen,   bescheidenlîche vrô und doch
(diemüetec lîp   [dar under guot   20
dâ bî den allen rehte tuot),
reinę und erbermic herze habę, und sî nâch wunschę ein wip.

105 (L. 111 12).

Selpvar ein wîp,
sô wîz, sô rôt gelîcher stæte,
ungemâlet, daz si niht gebuckerâmet wære,
Ich lobę ir lîp,
swie ich si doch nie niht gebæte.   5
jâ hœrę ich gerne von ir guotiu mære,
Diu ir val hâr ûf gebunden hât.
bî ir manegiu zer kirchen gât,
diu ir swarzen nac vil hôhe blecken lât.
ich wæne daz gebendę ungelîche stât.   10

106 (L. 26 13).

27 17 Durchsüezet und geblüemet sint die reinen vrouwen:
ez wart nie niht sô wünneclîches an ze schouwen
in lüften noch ûf erden noch in allen grüenen ouwen.
Liljen unde rôsen bluomen, swâ die liuthen

---

105. In C unter Walther, in A unter Niune, wohl nur
ein fragment mit entstelltem texte. **106.** In gleichem tone
wie **76**, aber durch die überlieferung nicht hinlänglich als
Walthers eigentum gesichert und inhaltliche oder formelle
bedenken erregend. Die beiden ersten strophen sind in C,
die dritte, vierte und fünfte in B überliefert, die sechste in
C unter Wather, in A unter dem truchsessen von St. Gallen,
die siebente nur in A unter dem selben, die achte und die
neunte nur in O. Die in B überlieferten strophen zeigen
kleine abweichungen im versmass, die allerdings vielleicht
auf rechnung der überlieferung kommen. Die in O über-
lieferten sind kaum echt; zu der dürftigkeit des inhalts
kommt der anstössige reim in z. 79 und die seltsame be-
tonung in z. 80.

in meien touwen durch daz gras, und kleiner vogele sanc, 5
daz ist gein solher wünnebernden vreude kranc;
swâ man ein schœne vrouwen siht.   daz kan dürren muot
Und leschet allez trûren an der selben stunt,   [erviuhten
sô lieplîch lachę in liebę ir süezer rôter munt
und strâlę ûz spilnden ougen schiezę in mannes herzen 10
grunt.

27 Vil süeziu vrouwe hôchgelobet mit reiner güete,
dîn kiuscher lîp gît wünneberndez hôchgemüete,
dîn munt ist rœter dan ein liehtiu rôsę in touwes vlüete.
Got hât gehœhet und gehêret reine vrouwen,
daz man in wol sol sprechen unde dienen zaller zît.   15
der werlte hort mit wünneclîchen vreuden lît
an in, ir lop ist lûter unde klâr, man sol si schouwen.
Vür trûren und vür ungemüetę ist niht sô guot,
als an ze sehen ein schœne vrouwen wol gemuot,
sô si ûz herzen grundę ir vriundę ein lieplîch   20
lachen tuot.

26 13 Die wîsen râtent, swer ze himelrîche welle,
daz er ê vil wol bewartę und ouch bestelle
den wec, daz ieman drûfe habe der in her wider vęlle.
Ein æhtære heizet mort, der schat der strâze sêre:
dâ bî vert einer in starken bennen, derst geheizen brant: 25
sô sprechent sį einem wuocher, der hât gar geschant
die selben strâze, dannoch ist der wegewerender mêre?
Nît unde haz die hânt sich ûf den wec geleit,
und diu verschamtę unmâze gîtekeit.
dannoch sô rennet maneger vür, des ich niht hân geseit. 30

29 25 Ich trunke gerne dâ man bî der mâze schenket,
und dâ der übermâze nieman niht gedenket,
sît si den man an lîbę an guotę und an den êren krenket.
Si schat ouch an der sêle, hœrę ich jehen die wîsen:
des möhte ein ieglîch man von sînem wirte wol enbern. 35
liezę er sich volleclîche bî der mâze wern,
sô möhtę im gelücke heil und sældę und êrę ûf rîsen.
Diu mâze wart durch daz den liuten ûf geleit,
daz man si ebene mæzę und trügę, ist mir geseit;
nû habę er danc, der sį ebene mezzę und der si   40
[ebene treit.

35 Er hât niht wol getrunken, der sich übertrinket.
wie zimt biderbem man, daz im diu zunge hinket
30 von wînę? ich wænę er houbetsündę und schande zuo im
Im zæmę baz, möhtę er gebrûchen sîne vüeze,   [winket.

9* '

daz er âne helfe bî den liuten möhte stân.   45
swie sanfte man in trüege, er möhte lieber gân.
des trinke ein iegeslîcher man, daz er den durst gebüeze:
Daz tuot er âne houbetsünde und âne spot.
swer alsô vil getrinket daz er sich noch got
erkennet niht, dâ mit hât er gebrochen sîn gebot.   50

30 29 Swer stætes vriundes sich durch übermuot behêret,
und er den sînen durch des vremden êre unêret,
der möhte ersehen, wurde er von sînem hœhern ouch
           [gesêret,
Daz diu gehalsen vriuntschaft sich vil lîhte entrande,
swenne er sich lîbes unde guotes solde umbe in   55
           [bewegen.
wir hân vereischet, die der wenke hânt gephlegen,
daz si der kumber wider ûf die erborne vriunt gewande:
Daz sol an gotes lêhen dicke noch geschehen.
31 ouch hôrte ich ie die liute des mit volge jehen:
'gewissen vriunt, versuochtiu swert sol man ze nœten   60
           sehen.'

  3 Ich wil niht mê den ougen volgen noch den sinnen.
diu rieten mir an zwei, daz ich diu solde minnen,
diu wâren âne valsch geworht beide ûzen und ouch innen.
Dô was ein wênic in geleit, daz was niht stæte:
des vielten sich ir ecke, dô si solten hân gesniten.   65
und wære eht niht wan daz aleine drinne vermiten,
sô wæren si allenthalben alse ganz an ir getæte,
Daz sich ein iegeslîcher möhte lâzen dran.
ouwê daz ich der trüge ie künde an in gewan!
wie übele ich mich des schaden vreuwe und in des   70
           [lasters gan!

XXIX Swâ nû ze hove dienet der herre sînem knehte
und swâ der valke vor dem raben stêt ze rehte,
dâ spürt man offenlîche unart, unadel und ungeslehte.
Dû werde ritterschaft, dîn dinc stêt jâmerlîche.
swâ der sester vor dem schilte hin ze hove vert,   75
vrou Êre, dâ sint iuwer snellen sprünge erwert.
wol ûf mit mir und vare wir dâ heim in Österrîche!
Dâ vinde wir den vürsten wert, der ist iu holt.
welt ir mich dâ ze hove leiten als ir solt,
sô wirt gehœhet wol dîn name von mir, werder Liupolt. 80

XXX Swelch man sich gerne vrîen wil von bœser sache,
dem râte ich daz er sîne tugent wol bewache

und vliehẹ ouch die dâ sîn gesezzen under schanden dache.
Weizgot, tuot er des niht, sô mac im misselingen
an êren und an werdekeit. swelch man gernẹ êre hât,　85
der sol sich machen vrî von aller missetât.

. . . .

Er ist zer werltẹ ein sælic man den sô sîn muot
getiuret hât daz er daz beste gernc tuot
und sich der schanden hât bewegen: der mac wol　　90
　　　　　　　　heizen guot.

107 (L. 36 11).

Ir vürsten, tugendet iuwern sin mit reiner güete,
sît gegen vriunden senfte, traget gein vînden hôchgemüete:
Sterket reht, und danket gote der grôzen êren,
daz manic mensche lîp und guot muoz iu ze dienste kêren.
Sît milde, vridebære, lât in wirdẹ iuch schouwen:　　5
sô lobent iuch die reinen süezen vrouwen.
schame, triuwẹ, erbermde, zuht, die sult ir gernc tragen:
minnet got, und rihtet swaz die armen klagen,
geloubet niht daz iu die lügenære sagen,
und volget guotem râte: sô muget ir in himele bouwen. 10
Marjâ klâr, vil hôchgelobetiu vrouwe süeze,
hilf mir durch dînes kindes êre deich mîn sünde gebüezẹ.
Dû vlüetic vluot barmunge tugendẹ und aller güete,
der süeze gotes geist ûz dînem edeln herzen blüetẹ:
Er ist dîn kint, dîn vater, und dîn schephære.　　　15
wol uns des daz dû in ie gebære!
den hœhe tiefe breite lengẹ umgrîfen mohte nie,
dîn kleiner lîp mit süezer kiuschẹ in umbevie.
kein wunder mohte dem gelîchen ie:
der engel küniginne, dû trüegẹ in ânẹ alle swære.　　20
An dem vrîtage wurde wir vor der helle gevrîet
von dem daz sich drivalteclîchen eine hât gedrîet.
Der engel Gâbrîêl Marjâ die botschaft kündet,
dâ von himel und erde wart mit grôzen vreuden enzündet.
Er sprach zuo ir âvê, daz minneclîche grüezen:　　25
durch ir ôrẹ emphienc si den vil süezen,
der ie ânẹ anegenge was und muoz ânẹ ende sîn.

---

107. Dieser und der folgende ton sind variationen von
75, 109 eine erweiterung von **107.** Überliefert sind diese
sprüche in C, **109** auch in B nach anderer quelle. Ihre un-
echtheit ist fast zweifellos.

37 des sî dir lop und êre geseit, ...
. . . . . . Marjâ künigîn.
dû gæbę in uns ze trôst, der al der werlt mac swære 30
                [büezen.
  Sündære, dû solt an die grôzen nôt gedenken,
die got durch uns leit, und solt dîn herze in riuwe senken.
Sîn lîp wart mit scharphen dornen gar versêret:
dennoch wart manicvalt sîn marter an dem kriuze gemêret:
Man sluoc im drîe negel durch hendę und ouch durch 35
jâmerlîchen weinte Marjâ diu süeze,   [vüeze.
dô si ir kinde 'z bluot ûz beiden sîten vliezen sach.
trûreclîchen Jêsus von dem kriuze sprach:
'muoter, jâ ist iuwer ungemach
mîn ander tôt. Jôhan, dû solt der lieben swære büezen.' 40

  Der blinde sprach zuo sînem knehte: 'dû solt setzen
daz sper an sîn herze: jâ wil ich die marter letzen.'
Daz sper gein al der werlte herren wart geneiget.
Marjâ vor dem kriuze trûreclîche klagę erzeiget;
Si verlôs ir varwę, ir kraft in bitterlîchen nœten,   45
dô si jæmerlîchę ir [liebez] kint sach tœten,
und Lęngînus ein sper im in sîn reine sîten stach.
si seic unmehtic nider, [daz] si [niht] hôrte noch ensprach.
in dem jâmer Kriste'z herze brach:
das kriuze begunde sich mit sînem süezen bluote rœten. 50

108 (L. 37 24).

Tumbiu Werlt, ziuch dînen zoum, wartę umbe, sich.
wiltû lân loufen dînen muot, sîn sprunc der vellet dich.
Derst manicvalt in dînem herzen unbekort:
er schat dir hie und ist ein langer haz der sêle dort.
Lâ guoten muot den bœsen muot von dir vertrîben: 5
minne got, sô mahtû vrô belîben:
wirp umbe lop mit reinem guote, wellestû genesen:
den bœsen soltû iemer gernę unheimlîch wesen:
geloube swaz die phaffen guotes lesen:
wiltû daz allez übergülden, sô sprich wol den wîben. 10

109 (L. 37 34).

Genuoge herren sint gelîch den gougelæren,

---

   41. Der blinde ist der nachher genannte Longinus, nach
der sage ein hauptmann, der Christi seite mit der lanze
durchstach und, indem das blut auf seine augen tropfte,
sehend ward.

die behendecliche kunnen triegen unde væren.
Der sprichet 'sich her, waz ist under disem huote?
nû zuckę in ûf,' dâ stêt ein wilder valkę in sînem muote.
'Zuckę ûf den huot,' sô stêt ein stolzer phâwe drunder.   5
'nu zuckę in ûf,' dâ stêt ein merwunder.
swie dicke daz geschiht, sôst ez ze jungest wan ein krâ.
vriunt, ich erkennę ouch dąz, hâhâ hâhâ hâhâ.
habe dîn valschen gougelbühsen dâ:
wærę ich dir ebenstarc, ich slüege sį an daz houbet dîn.   10
dîn valewische stiubet in diu ougen mîn.
ich wil niht mêr dîn blâsgeselle sîn,
dû enwellest mîn baz hüeten vor sô trügelîchem kunder.

110 (L. 38 10).

Er ist ein wol gevriunder man, alsô diu werlt nų stât,
der under zwênzic mâgen einen guoten vriunt getriuwen hât.
der hete man hie vor wol under vünven vunden drî.
Sô wê dir, Werlt, dû hâst sô manegen wandelbernden site:
er armet an der sêle, der dir volget unz anz ende mite,   5
und der dir aller dîner vuore stât mit willen bî.
Wir klagen alle daz die alten sterbent und erstorben sint:
wir möhten balde klagen von schulden ander nôt,
daz triuwe zuht und êrę ist in der werlte tôt.
die liute lâzent erben, dise drî sind âne kint.   10

[111 (L. **XXVI**).

'Ez was an einer wünneclîchen stat
daz wir zwei gerieten.
Mîn herre der mich hie beliben bat,
der mac mir gebieten.
Jâ enist ez niht ein dürre widenblat   5
dar an ez mir wirret.
herrę, ich habets sündę ob ir mich irret.'
Diu guote der ich iemer dienen sol
sunder valschez lôsen,
Ir wangen diu gelîchent sich vil wol   10
den liljen unde rôsen.
Waz ist wunders ob ich . . . . .

---

110. In q unter Walthers namen. In gleichem tone
sind zwei sprüche, die A unter *reimar der videler* bietet.
[**111.** In U* ohne namen unter liedern Walthers.

112 (L. XXVI).

Ez sprach ein wîp bî Rîne
zeinem *vogelîne:*
'*mîn* man d*er* heizet Isengrîn.
*du solt im sag*en, bote mîn,
daz er umb *unser êre*   5
von Pülle wider kêre.

Unser *zweier veste,*
*d*ar suochent vremede geste.
wan *daz ich vil* listec bin,
sie stigen nahtes zuo *mir in*   10
und slichen zeiner lucken,
die bi*rge ich vor ir* tucken.

*I*ch hân gegen ir man*gen*
niht schermes vür gehangen,
wan einen riht*en sie her vüre,*   15
der snellet vaste unz an die *türe.*
waz frumte ich alters eine?

er wirfet *swœre stein*e.'
An disem vogelîne
sô stêtz *nû Î*sengrîne.   20
geswîchet ir daz vogelîn,
*daz klaget i*emer Isengrîn.
'wan hebestû dic*h ze Pülle?*'
'wîp, den graben gefülle!'

113 (L. **XXVII**).

. . . .
. . . .
. . . .
. . . .
. ^   5
. . . .
. . sich leiden vriunden unde mâgen
und umbez guot lîp unde sêle wâgen,
Ob er dan sô biderbę ist daz er daz selbe guot
gerne umbę êre teilte, ob man in lieze,   10

---

112. In U** ohne namen unter liedern Walthers; vgl.
Kraus Zfda 59, 315 und Leitzmann Zfdph 50, 468. Die
orthographie der handschrift ist unverändert beibehalten.
113. In w** ohne namen vor lauter sprüchen Walthers.
Die zahl der punkte entspricht der zahl der fehlenden
silben nach Kraus. 7 ergänzt Kraus *Der wil,* 12 *sît gemant.*

und ez in den biutel niene stieze.
stolze marschalc..., swâ man diz allez tuot,
ich smecke Sibechen in dem râte: sîn brant lît in der gluot.

114 (L. **XXVIII**).

. . . .
. . . .
. . . .
sîn henne genomen.
sô ist des alten . . klage   5
daz sîne tage zergangen sîn
mit alsô maneger swære.
der junge denket 'wirde ich grâ,
mir vremdet sâ diu vrouwe mîn'
und trûret von dem mære,   10
als ich die wîsen hœre sagen,
wie kumberlîche ez allez stê.
sich beginnent noch die jungen klagen
des sich die grîsen vreuten ê.
der milte sich nâch êren sent,   15
dem kargen ist nâch guote wê
naht unde tage wier vil bejage,
unz im daz eine gar gestê.

Schadetz im an den *triuw*en iht,
den alter machet grîse?   20
nein ez, des entuot ez ni*h*t.
wirt aber der junge iht wîse,
daz er dem rehten bî gestê,
den sult ir ê   ze bürgen nemen
dan der von künsten liege.   25
iuch sol des argen übermuot
niht dunken guot   noch iu gezemen
ob er den vremden triege.
welt ir im lop dar umbe geben,
waz ob er iu daz selbe tuot?   30
nû hazzet ouch des rîchen leben
der âne milte habe sîn guot.
daz mer ist bœse vür den durst
und hât doch wâc und manegen visch:
waz hilfet daz?   mich trenket baz   35
ein kleine brunne, vinde ich'n vrisch.

---

114. In Z, für Walthers eigentum gehalten.

Einen tiuvel ich beswuor
daz er mir sagete mære,
dô er von der helle vuor,
wâ gebender sêlę iht wære: 40
'wâ sint si hin die milte hie
begiengen ie?   waz den geschiht,
dar umbe muoz ich sorgen.'
mîn vrâge was im ungemach.
vor zornę er sprach: 'ich enweiz ir niht,   45
si sint vor mir verborgen.
der guot ist hie gemeine gewesen,
der keines sêlę emphienc ich nie,
si sint vor mir vil wol genesen.
mînem meister werdent die,   50
die girec sint und hordent schaz:
die sint zen êwen gar verlorn.
nû wizze daz   in quæme baz,
wærę ir deheiner nie geborn.']

———————

Vergleichung der reihenfolge der töne bei Lachmann mit der in unserer ausgabe.

XIII 1 = 96	53 25 = 27	97 34 = 44
XIII 11 = 97	54 37 = 45	99 6 = 23
XV 1 = 98	56 14 = 52	100 3 = 11
XVI 1 = 99	57 23 = 37	100 24 = 91
XVII 1 = 100	58 21 = 51	101 23 = 84
XVII 31 = 101	59 37 = 89	102 29 = 88
3 1 = 94	60 34 = 53	103 13 = 72
8 4 = 67	61 33 = 46	104 23 = 77
10 1 = 79	62 6 = 49	104 33 = 86
11 6 = 73	63 8 = 50	105 13 = 74
13 5 = 80	63 32 = 38	106 17 = fehlt
13 33 = 8	64 31 = 66	107 17 = ,,
14 38 = 83	65 33 = 32	108 6 = ,,
16 36 = 70	66 21 = 92	109 1 = 17
18 29 = 68	69 1 = 30	110 13 = 18
20 16 = 69	70 1 = 33	110 27 = 41
26 3 = 76. 106	70 22 = 34	111 12 = 105
31 13 = 75	71 19 = 103	111 22 = 65
36 11 = 107	71 35 = 5	112 3 = 40
37 24 = 108	72 31 = 35	112 17 = 22
37 34 = 109	73 23 = 48	112 35 = 2
38 10 = 110	74 20 = 13	113 31 = 4
39 1 = 54	75 25 = 55	114 23 = 56
39 11 = 14	76 22 = 82	115 6 = 10
40 19 = 31	78 24 = 78	115 30 = 29
41 13 = 64	82 11 = 71	115 33 = 90
42 15 = 42	84 14 = 79	117 7 = 90
43 9 = 58	85 25 = 85	117 29 = 43
44 11 = 47	85 34 = 28	118 12 = 59
44 35 = 62	87 1 = 87	118 24 = 19
45 37 = 15	88 9 = 36	119 17 = 39
46 32 = 16	90 15 = 61	120 16 = 3
47 16 = 102	91 17 = 1	120 25 = 9
47 36 = 63	92 9 = 20	121 33 = 60
49 25 = 12	93 19 = 21	122 24 = 93
50 19 = 24	94 11 = 57	124 1 = 81
51 13 = 25	95 17 = 6	166 21 = 104
52 23 = 26	96 29 = 7	183 1 = 95

Verzeichnis der liederanfänge[1])

---

[1]) Ich habe nicht bloss die liederanfänge meiner ausgabe aufgenommen, sondern auch alle diejenigen strophen berücksichtigt, die in einer von den anderen ausgaben als anfänge eines selbständigen liedes gefasst sind.

AN. unmâze, nim dich beidiu an **78 89**
    sich wolte ein ses gesibenet hân **78 81**
    der ich vil gedienet hân **52 41**
    wie vrô Sælde kleiden kan **42 9**
    wie hân ich unsælic man **101**
    wie kumt daz ich sô manegem man **9 10**
    ir reinen wîp, ir werden man **92 1**
    ich vreudehelfelôser man **45 1**
    von Rôme keiser hêre, ir hât alsô getân **79 1**
    der anegenge nie gewan **78 17**
    umbe einen zwîvellîchen wân **32**
    mich hât ein wünneclîcher wân **5**
    man hôchgemâc, an vriunden kranc **78 57**
    nû singe ich als ich ê sanc **43**
    ich traf dâ her vil rehte drîer slahte sanc **79 25**
    die lôsen scheltent guoten wîben mînen sanc **51 10**
    mîn alter klôsenære, von dem ich dô sanc **79 73**
    wol mich der stunde, daz ich si erkande **18**
    ouwê waz êren sich ellendet tiuschen landen **80**
    ir vürsten, die des küneges gerne wæren âne **76 61**
    diu kristenheit gelebete nie sô gar nâch wâne **75 21**
    ich hân des Kerendæres gâbe dicke emphangen **75 91**
    herzoge ûz Österrîche, ez ist iu wol ergangen **76 21**
    mir hât ein liet von Franken **70ᵇ 1**
    die wîle ich weiz drî hove sô lobelicher manne **75 111**
    nemt, vrouwe, disen kranz **13**
AR. ez troumte, des ist manic jâr **69 106**
    wer gesach ie bezzer jâr **59**
    ouwê war sint verswunden alliu mîniu jâr **81**
    ich wil nû teilen, ê ich var **53 1**
    vrouwe, vernemt durch got von mir diz mære **2**
    mirst diu êre unmære **88**
    bin ich dir unmære **24**
    ich hân dem Mîssenære **74 15**
    genuoge herren sint gelîch den gougelæren **109**
    der künec mîn herre lêch mir gelt ze drîzec marken **76 51**
    von Rôme voget, von Pülle künec, lât iuch erbarmen **76 31**
    mîn sêle müeze wol gevarn **92 49**
    ich was durch wunder ûz gevarn **84 14**
    dô Friderich ûz Österrîche alsô gewarp **68 13**
    hie vor, dô man sô rehte minneclîchen warp **63 13**
AS. ein meister las **93**
    dô der sumer komen was **57**
AT. swâ der hôhe nider gât **71 27**

bî den liuten nieman hât **90** 1
swer sich ze vriunde gewinnen lât **78 65**
bote, sage dem keiser sines armen mannes rât **79 57**
ez was an einer wünneclîchen stat **111**
swie wol diu heide in manicvalter varwe stât **38 25**
er ist ein wol gevriunder man, alsô diu werlt nû stât **110**
got, dîner trînitâte **94**
got weiz wol, mîn lop wære iemer hovestæte **76 102**
wir suln den kochen râten **70ᵃ 15**

AZ. genuoge kunnen deste baz **9 19**
Werlt, dû ensolt niht umbe daz **89 15**
ich muoz verdienen swachen haz **71 40**
noch dulde ich tougenlîchen haz **47 21**

E. man seite mir ie von Tegersê **77**
der rîfe tet den kleinen vogelen wê **56**

EB. ob ieman spreche, der nû lebe **69** 1
waz hât diu werlt ze gebenne **21**

EH. mir ist von ir geschehen **13 33**
ich hœre iu sô vil tugende jehen **58**
ich hœre im maneger êren jehen **103** 1
ich hœre des die wîsen jehen **69 76**
ich hân mîn lêhen, al diu werlt, ich hân mîn lêhen **76 41**
si vrâgent mich vil dicke, waz ich habe gesehen **79** 9
werlt, ich hân dînen lôn ersehen **92 25**
der stuol ze Rôme ist allerêrst berihtet rehte **75** 1

EI. muget ir schouwen waz dem meien **25**
den dîemant den edelen stein **78** 9
ich saz ûf eime steine **67 49**
âne liep sô manic liet **61**
mîner vrouwen darf niht wesen leit **26 33**
mehtiger got, dû bist sô lanc und bist sô breit **79 81**
ir bischofe und ir edeln phaffen sît verleitet **75 41**

EL. die wîsen râtent, swer ze himelrîche welle **106 21**
ich enweiz wem ich gelîchen muoz die hovebellen **75 101**

EN. mit sælden müeze ich hiute ûf stên **69 211**
saget an, her Stoc, hât iuch der bâbest her gesendet **75 61**
leider ich muoz mich entwenen **90** 8
ich trunke gerne dâ man bî der mâze schenket **106 31**

ER. der alsô guotes wîbes gert als ich dâ ger **51 28**
allerêrst lebe ich mir werde **83**
dô Liupolt sparte ûf gotes vart, ûf künftige êre **75 141**
Philippe, künec hêre **70ᵃ** 1
nû sol der keiser hêre **74 29**
her Wîcman, habet irs êre **70ᵇ 15**

ich hân die zît **99**
ein niuwer summer, ein niuwe zît **20**
waz ich doch gegen der schœnen zît **6**
minne diu hât einen site **37**
Liupolt ûz Österrîche, lâ mich bî den liuten **75 151**
O. ich bin als unschedelîche vrô **64**
ich wære dicke gerne vrô **39 19**
ich bin nû sô rehte vrô **19**
von Kölne werder bischof, sît von schulden vrô **79 17**
hie vor, dô si alle wâren vrô **60 21**
ich wil nû mêre ûf ir genâde wesen vrô **46 1**
wil aber ieman wesen vrô **42**
OC. ich hân ir sô wol gesprochen **31**
OG. die veter habent ir kint erzogen **69 121**
OL. ist daz mich dienest helfen sol **103 25**
sît deich ir eigenlîchen sol **3 25**
ob ich mich selben rüemen sol **49**
ouwê daz mir sô maneger missebieten sol **46 33**
der Missenære solde **74 1**
ich bin dem Bogenære holt **78 1**
OM. ir sult sprechen willekomen **52**
her keiser, sît ir willekomen **73 1**
die grîsen hânt michs überkomen **60**
nû bîtet, lât mich wider komen **53 13**
die mir in dem winter vreude hânt benomen **48**
drî sorge habe ich mir genomen **71 53**
ON. waz êren hât vrô Bône **70ª 29**
an wîbe lobe stêt wol daz man si heize schœne **75 171**
OR. mir ist verspart der sælden tor **69 16**
herre got, gesegene mich vor sorgen **10**
ez gienc, eins tages als unser herre wart geborn **68 25**
ich hâte ein schœnez bilde erkorn **92 37**
OS. müeste ich noch geleben daz ich die rôsen **40**
OT. swer âne vorhte, herre got **69 151**
stæte ist ein angest und ein nôt **7**
die zwîvelære sprechent, ez sî allez tôt **51 1**
her keiser, ich bin vrônebote **73 49**
OU. ich sach mit mînen ougen **67 25**
die herren jehent, man sülz den vrouwen **62 1**
durchsüezet und geblüemet sint die reinen vrouwen **106 1**
OZ. mîn vrouwe ist zwir beslozzen **21 11**
ÜE. jârlanc sint die tage trüebe **100**
ir vürsten, tugendet iuwern sin mit reiner güete **107 1**
vil süeziu vrouwe hôchgelobet mit reiner güete **106 11**

ein wîp mit wibes güete **104**
daz ich dich sô selten grüeze **33**
Marjâ klâr, vil hôchgelobetiu vrouwe süeze **107** 11
UG. ouwê daz wîsheit unde jugent **71** 1
UM. selpwahsen kint, dû bist ze krump **84** 1
UN. ich hân gesehen in der werlte ein michel wunder **76** 91
ouwê der wîse die wir mit den grillen sungen **80** 22
UO. sît got ein rehter rihtære heizet an den buochen **76** 112
einen tiuvel ich beswuor **114** 37
ich hân gemerket von der Seine unz an die Muore **75** 161
dir hât enboten, vrouwe guot **3** 1
weder ist ez übel, oder ist ez guot **9**
swer houbetsünde und schande tuot **69** 166
ganzer vreuden wart mir nie sô wol ze muote **17**
junger man, wis hôhes muotes **1**
ich sanc hie vor den vrouwen umbe ir blôzen gruoz **63** 49.

Wörterbuch[1])

â *interj., zur verstärkung des nachdrucks angehängt an imperative* (bekêrâ, snîâ) *oder imperativische partikeln* (neinâ).

ab *präp. von.*

abe *adv. ab.*

aber *abermals; aber.*

abgründe *stn. abgrund.*

ahî *interj. ha.*

ahte *stf. lage, stand.*

æhtære *stm. geächteter.*

al *adj. all, ganz; auch adv.;* aldâ, alhie *kaum verschieden von* dâ, hie.

Alamân *bezeichnung des Deutschen im munde des Italieners.*

aleine *mit gen. verlassen von.*

allerêrst, alrêrst *zuerst, erst recht;* von alrêrste *zuerst.*

allez *eigentl. akk. sg. n. immerfort.*

almuosenære *almosenempfänger.*

alsam *ebenso; rel. ebenso wie; als ob.*

alsô, *abgeschwächt* alse, als *adv. so, ebenso, unter der bedingung; rel. wie, wenn.*

alsolch *gerade solch.*

alsus *so.*

alten *swv. alt werden.*

alter *stm. altar.*

alters *eine ganz allein.*

alumbe *ringsherum.*

alzan = allez an *immerfort.*

ande *swm. kränkung.*

anden *strafen.*

ander *adj. der zweite; in einem vergleiche pleonastisch: als* mîn ander hant *wie meine hand.*

anders *adverbialer gen. im übrigen, sonst.*

âne, ân *ohne, ausser; mit vorangestelltem gen. ledig, ermangelnd.*

anegenge *stn. anfang.*

anegengen *swv. einen aneganc, d. h. eine heil oder unheil bedeutende begegnung machen.*

ange *adv. zu* enge *sorgfältig.*

angestlîch *schrecklich.*

arc *arg, karg.*

arebeit *stf. mühe leid; das durch mühe errungene.*

arke *f. kasten.*

armen *swv. arm sein.*

armman *unglücklicher mann.*

ars *stm. der hintere.*

art *stf. beschaffenheit.*

arzenîe *stf. heilkunde.*

bâbest *papst.*

balde *adv. eilig.*

balsamîte *balsampflanze.*

balsme *swm. balsam.*

balt *kühn, dreist.*

---

[1]) Man suche *v* immer unter *f.*

ban *stm., pl.* benne *bann.*
baniere *stf. banner.*
bannen *stv. prät.* bien *in den bann tun.*
bar *mit gen. entblösst von.*
barmenære *erbarmer.*
barmunge *stf. erbarmen.*
barn *stn. kind.*
baz *adv. besser, wohler, pleonastisch nach komp.:* grœzer baz.
bêde = beide.
bedenken *mit akk. sorgen für.*
bevollen *adv. völlig.*
begân, begên *stv., prät.* begie *unternehmen, ausüben;* sich begên *leben.*
begonde, begunde *prät. von* beginnen.
begrîfen *greifen.*
behalten *bewahren, aufbewahren, zurückhaltend im geben sein;* den strît b. *den sieg behaupten;* sich b. *sich halten, aufführen.*
behêren *swv. refl. mit gen. sich jemandem gegenüber überheben.*
beherten *erzwingen.*
behüeten *behüten, verhüten, sich hüten vor.*
beide — unde *sowohl — als auch.*
beidenthalp, bêdenthalben *auf beiden seiten.*
beiten *swv. mit gen. warten.*
bejagen *erwerben.*
bekennen *kennen.*
bekêren *wenden, einrichten.*
bekerkeln *einkerkern (?).*
beklîben *stv. fest wachsen, wurzel fassen.*
belangen *unpers. verlangen.*

belîben blîben *stv. bleiben, zurückbleiben.*
benahten *die nacht hinbringen.*
berâten *stv. versorgen.*
bereiten *zurecht machen.*
berihten *in ordnung bringen, unterweisen.*
bërn *stv. tragen, bringen, schaffen.*
bern *swv. schlagen.*
bescheiden *stv. auseinandersetzen; zuweisen, bestimmen.*
bescheiden, *part. dazu, sich zu benehmen wissend.*
bescheidenlîch *adj. gebührlich.*
bescheidenlîche *adv. auf festgesetzte weise; also b. unter solcher bedingung.*
bescheinen *swv. offenbar machen.*
beschelten *stv. schelten; part.* bescholten *mit makel behaftet.*
beschœnen *verschönern, wohl aufnehmen (?).*
beseme *swm. besen.*
besitzen *belagern, bildl.* **82 51.**
besliezen *einschliessen, zuschliessen.*
besorgen *mit akk. sorge tragen etwas abzuwenden.*
bestân, bestên *angreifen, ergreifen; zukommen, zugehören (mit akk.).*
beste *adv.;* sô — beste *so gut*
bestellen *besetzen.* [*als.*
besunder *adv. besonders, einzeln.*
besuochen *nachsuchen.*

beswæren *schwer machen, bekümmern.*

betagen *zu tage kommen; den tag hinbringen.*

bëte *stf. bitte.*

betiuten *deutlich beschreiben.*

betœren *zum torn machen, äffen.*

beträgen *unpers. mit akk. der person und gen. der sache, zu lange dauern, lästig werden.*

betriegen *stv. betrügen; part.* betrogen *verblendet.*

bettestat *lagerstätte.*

bewæren *beweisen.*

bewarn *schützen; verhüten.*

bewarten *mit einer wache besetzen.*

bewegen *stv.,* sich eines dinges *auf etwas verzichten.*

bezzer **35 20** *nützlicher.*

bezzerunge *wendung zum bessern.*

bî *präp. bei, an;* bî drîzec phunden *gegen dreissig pfund; adv. in der nähe.*

biderbe *nützlich, tüchtig, vornehm.*

bien *prät. von* bannen.

bieten: an b. = *erbieten, erweisen.*

bilde *stn. bild, gebilde, vorbild.*

binden, ze beine *gering anschlagen;* wol gebunden mit gutem *gebende.*

bîspel *stn. lehrhafte rede.*

biten *stv. bitten, mit gen. um etwas; mit dat. für*

bîten *stv. warten.* [einen.

blâ *blau.*

blat: niht ein b. *nicht das geringste.*

blecken *sichtbar werden.*

blîchen *stv. blass, farblos werden.*

blint *blind, dunkel.*

blôz *substantiviert in* decke b. *decke das blosse (?).*

blüemen (*mit blumen, schmücken.*

bluot *stf., gen.* blüete *blüte.*

Bogenære *Bogner, graf von Katzenellenbogen.*

borc *stm. borg:* âne b. *so dass nicht (weiter) geborgt wird.*

borgen *auf borg nehmen oder geben;* ûz b. *entleihen; vgl. Zarncke Beitr.* **7, 602.**

bosch *busch.*

bœse *geizig* **75 87.**

bôsen *swv. schlecht sein.*

boteschaft *tätigkeit als bote.*

bouwen = bûwen *wohnen.*

brâ *stf. braue.*

brechen *durchbrechen, sich durch etwas nicht einengen lassen;* vür b. *bei seite schieben, als nicht vorhanden betrachten.*

breiten *ausbreiten.*

brief *aufzeichnung (schuldbuch).*

brinnen *stv., prät.* bran *brennen (intr.).*

brœde *hinfällig.*

brogen *sich übermütig benehmen.*

brunne *swm. quelle.*

buckerâmen *in* buckerâm *(ein aus ziegenhaaren gewebter stoff) kleiden (?).*

büezen *wieder gut machen,
abhülfe wovon verschaffen (mit gen.).*

buoz, des ist b. *dafür ist
abhülfe geschaffen.*

butze *swm. schreckbild.*

dâ *da; rel. wo,* dâ . . *an
daran, woran;* dâ . . *inne
darin, worin etc. Es dient
auch zur einleitung einer
antwort, z. b.* **36 46.**

dagen *swv. schweigen.*

dahte *prät. von* decken.

dan, danne, denne *als nach
komparativen.*

dan, dannen *von dannen,
rel. von wo.*

danc *dank, preis;* dankes
freiwillig; âne danc *wider
willen.*

danne, denne *dann,* = dan.

dannoch, dennoch *ferner
noch, noch.*

dar *dahin, wohin, dazu;* alsô
dar *immer zu.*

dar = dâ *in* dar abe, dar
an *etc.*

dast = daz ist.

dehein, dekein *irgend ein
(ullus), kein.*

deich = daz ich.

deis, deist = daz ist.

deiz = daz ez.

dekein = dehein.

denne = danne.

der diu, daz *pron. dem. und
rel., art.; gen.* des *deswegen;* diu *(instrumentalis)* gelîche *derartig.*

derde = die erde.

dêst = daz ist.

deste *desto.*

dêswâr = daz ist wâr *fürwahr.*

deweder *irgend einer (mit
negation keiner) von*

dicke *oft.* [*zweien*

dienen *dienen, verdienen.*

dienest *stm. oder stn.* dienst *;*
mîn d. *sagen eine empfehlung von mir bestellen;*
sîn d. *enbieten eine empfehlung sagen lassen.*

dienstman *ministeriale.*

diep: mîn d. *der mich bestohlen hat.*

diet *stf. volk, leute; die heiden.*

diezen *stv. rauschen.*

dinc *sache, angelegenheit.*

dingen *verhandeln.*

dirre, disiu, diz *oder* ditze
dieser.

disputieren **76 58** *abschätzen
(?); vgl. Schönbach Zfda*
39, 347.

diufe *stf. diebstahl.*

dô *da, damals, als.*

doln *dulden.*

dôn *ton;* dœnen *tönen.*

dörperheit *bäurisches benehmen.*

dörperlîch *bäurisch.*

dougen = diu ougen.

dræte *adj.,* drâte *adv.
schnell.*

drîe *stf. die drei, dreiheit.*

drîen *dreifaltig, zur drei
machen.*

dringen *stv. dringen, drängen.*

drîunge *verdreifachung.*

drô *stf. drohung.*

drû *stf. schlinge, klemme.*

drüzzel *stm. schnauze.*

dulteclîch *mit leiden ver-*
knüpft.

dumme *entstellt aus lat.*
domini.

durch *wegen, um — willen.*

durchsüezen *mit lieblichkeit*
durchdringen.

Dürinc *stm. Thüringer.*

dürfen *nötig haben, brauchen.*

dürfte *stf. bedürftigkeit.*

dürkel *durchlöchert.*

duz *stm. schall.*

è *stf. satzung; insbesondere*
kirchliche satzung im
gegensatz zu der welt-
lichen (reht); *religion.*

ê *adv. früher, eher, lieber;*
bevor, ehe; dafür auch ê
danne, ê *daz; als präp. in*
ê *daz vordem.*

êbenære *gleichmacher.*

êbene *adv. gleichmässig, an-*
gemessen.

êbenkristen *mitchrist.*

eht, et *adv. nur, eben, nun*
einmal.

eichîn *adj. von eichenholz.*

eiden *in eid nehmen.*

eigen *adj. eigen, leibeigen;*
stn. eigentum, spez. grund-
besitz; vür e. *zu eigen.*

eigenlîchen *adv. wie ein*
leibeigener.

ein *ein, allein;* sîn eines le-
ben *das leben von ihm*
allein; eine *sw. nom. oder*
adv. allein, auch mit gen.,
z. b. liebes eine ohne den
geliebten; ûf ein *zusam-*
men; als artikel auch in
vergleichungen und an-
reden, wo im nhd. kein
artikel steht.

einest *einmal.*

einlif *elf.*

einlœtic *aus einer gleich-*
mässigen masse gebil-
det (?).

eischen *stv. fordern.*

ellen *stn. kraft.*

ellende *in fremdem lande*
weilend.

ellenden, sich *in die fremde*
gehen.

elliu *nom. sg. f. und nom.*
akk. pl. n. von al.

emphâhen *stv. empfangen.*

en 1. = ne; 2. = in.

enbern *stv. mit gen. entbeh-*
ren, frei bleiben wovon.

enbieten *stv. wissen lassen.*

enbîzen *frühstücken;* en-
bizzen sîn *gefrühstückt*
haben.

ende *ende; eines dinges*
zende komen *mit etwas*
zum abschluss kommen;
dêst ein ende *das steht*
fest; ein e. geben einen
endgültigen ausspruch
tun; jô enweiz ich niht
ein ende *ich weiss es*
nicht bestimmt.

endelîche *adv. entschieden.*

endelist *letzte klugheit.*

enderât *endgültiger ent-*
schluss.

engelten *stv. mit gen. nach-*
teil wovon haben; wes
hânt si engolten *wodurch*
haben sie es verschuldet?

enmitten *mitten;* enmitten
zwei *in der mitte entzwei.*

en(t)springen *entspringen,*
blüten treiben.

enthalten *fassen.*

entrennen *zertrennen.*

entriuwen *fürwahr.*

entsliezen *aufschliessen.*

entstên *wahrnehmen, verstehen;* sich e. *verständnis, urteil haben.*

entswellen *die aufschwellung verlieren, besänftigt werden.*

entvallen *entfallen.*

entwenen *entwöhnen.*

entwern *mit akk. der person und gen. der sache versagen.*

entwîch *stm. das entweichen.*

entwonen *sich entwöhnen.*

envremeden *fern halten.*

enweder *keiner von zweien.*

enwiht = ein wiht *ein unbedeutendes ding, so viel als nichts; e.* machen *zu nichte machen.*

er *pron. er, derjenige; dat. auch reflexiv; pleonastisch das prädicat vorweg nehmend:* ich binz der sun *etc.*

erbarmen *mit akk. leid tun, jammern.*

erbeiten *mit gen. warten auf.*

erben *sich vererben.*

erbermde *stf. barmherzigkeit.*

erbermic *barmherzig.*

erblenden *blenden.*

erborn *angeboren.*

erdenken *durch nachdenken finden.*

erdringen *durch drängen gewinnen.*

êre *stf. ehre, häufig im plur.:* ê. hân *geehrt werden, mit gen. wodurch,* tuo dîn ê.

tu was dir zur ehre gereicht.

ervarn *durchfahren.*

erviuhten *anfeuchten, erfrischen.*

ervüllen *anfüllen.*

ervürhten, *part.* ervorht *fürchten.*

ergân *geschehen, ergehen, ablaufen.*

ergeben *hingeben.*

erglesten *erglänzen.*

ergraben *eingraben.*

erheben *stv. anheben.*

erhellen *stv. erschallen.*

erholn, sich *etwas versäumtes einbringen.*

erkennen *kennen, kennen lernen;* milte erkant *als freigebig bekannt.*

erkiesen *stv., part.* erkorn *erwählen.*

erkôsen, sich *sich satt plaudern.*

erlaben *erfrischen.*

erlâzen *mit akk. der person und gen. der sache einem etwas erlassen.*

erlesen *herauslesen.*

erlîden *erleiden, sich gefallen lassen.*

ermen *arm machen.*

erre *adj. komp. frühere.*

erschamen, sich *in scham geraten.*

erscheinen *swv. zeigen.*

erschellen *stv. erschallen.*

erschrecken *stv. auffahren, zurückbeben (mit gen.).*

êrste *adv. zuerst.*

erteilen *zuteilen.*

ertœren *zum toren machen, für einen toren halten, betäuben.*

erwelt *part. auserwählt.*

erwenden *zur umkehr bringen, abwenden.*

erwerben *ausrichten mit seiner bemühung* 45 16.

erwinden *umkehren, aufhören, nachlassen.*

erzünden *entzünden.*

êst = ez ist.

eteslîch *mancher.*

eteswaz *etwas.*

eteswenne *manchmal.*

val *adj. fahl, blond.*

val *fall, ze valle geben ins verderben stürzen.*

valsch *stm. falschheit, falsche münze, makel.*

valwen *fahl werden.*

vâren *mit gen. trachten nach.*

væren *auflauern, überlisten.*

varn *fahren, überhaupt sich bewegen, kommen; sich benehmen, befinden; varn lâzen preisgeben, keinen wert worauf legen; part. varnde rasch vergänglich, im stande sich zu bewegen, wohlauf; v. guot bewegliche habe; varndez volc spielleute.*

varwe *farbe, äusseres ansehen.*

vaste *adv. sehr, dicht.*

vastenkiuwe *fastenfrass.*

vêch *bunt.*

vêhen, vên *hassen, feindselig behandeln.*

vehten *sich abmühen.*

veige *zum verderben bestimmt.*

vellen *zu falle bringen.*

velschen, sich *sich falsch erweisen.*

veltgebû *bebautes feld.*

verbern *stv. fern bleiben von vermeiden, unterlassen.*

verbieten, ein spil *den gegner im spiel überbieten:*

verderben *swv. zu grunde richten.*

verdienen *dienen um etwas, was man erlangen will oder schon erlangt hat, durch dienst erwerben.*

verdriezen, *unpers. mit akk. der person und gen. der sache mir wird etwas zuviel, dauert zu lange.*

verdringen *verdrängen, drängen zu (?).*

vereinen, sich *mit gen. seinen sinn worauf richten.*

vereischen *erfahren.*

verenden *ein ende finden; zu ende bringen.*

vervâhen, vervân *mit akk. helfen, nützen.*

vervarn *vergehen.*

vervellen *zu falle bringen.*

vergân *mit akk. bei einem vorbeigehen.*

vergeben *gestatten* 34 4; *vergiften, mit dat.*

vergebene *adv. umsonst.*

vergelten *bezahlen.*

vergezzen *mit gen. vergessen; sich v. sich versehen; part. vergezzen gedankenlos.*

verhêret *durch vornehmheit unnahbar gemacht.*

verhouwen *niederhauen; verwunden.*

verirren *in die irre führen,
in verwirrung bringen.*
verjehen *mit gen. aussagen,
zugestehen.*
verkêren *ins gegenteil ver-
wandeln; verdrehen.*
verkiesen *stv. verschmähen.*
verklûsen *einsperren wie in
eine klause.*
verlegen *zu lange gelegen
habend, durch trägheit in
seinem äusseren vernach-
lässigt.*
verleiten *in die irre führen.*
verliesen, vliesen *stv. ver-
lieren, vergeblich anwen-
den.*
verlisten *überlisten.*
vermîden *unterlassen, fern
bleiben von.*
vermissen *entbehren; durch
ein v. weil es ihm fehlt
(an mitteln zum geben).*
vernæjen *einnähen, ein-
schnüren.*
verphlegen *aufhören zu trei-
ben.*
verphlihten, sich ze *sich an
etwas hängen.*
verre *adv. fern, in die ferne,
aus der ferne; viel, sehr.*
verren *entfernen, entfrem-
verschallen *übertönen. [den.*
verschamt *die schamhaftig-
keit verloren habend.*
verschelken *knechten.*
verschraget *verschränkt, in
einer schiefen unrichtigen
stellung befindlich (?).*
verschrôten *part. falsch ge-
schnitten.*
verschulden *verdienen, ver-
gelten.*

versinnen, sich *zu verstand
kommen, verständig sein;
überlegen; sich auf etwas
verstehen; part. versun-
nen verständig.*
versitzen, versezzen sîn *sich
auf einen falschen platz
gesetzt haben.*
versmâhen *verächtlich er-
scheinen.*
versnîden *zerschneiden; ver-
wunden (bildl.).*
versprechen *mit akk. gegen
etwas sprechen.*
verstân: ze guote v. *zum
guten auslegen:* sich v.
*verständig sein; mit gen.
gewahr werden.*
versûmen *vernachlässigen,
unnütz hinbringen;* sich
v. *nachlässig sein; seine
zeit unnütz hinbringen.*
versuochen *erproben.*
verswachen *geringer,
schlechter machen.*
verswern *durch meineid
preisgeben.*
vert *im vorigen jahre.*
vertragen *sich gefallen las-
sen, gelten lassen.*
verwænen, sich *erwarten
(mit gen.).*
verwarren = verworren *part.
zu verwerren in unord-
nung bringen.*
verwâzen *part. verflucht,
unglückselig.*
verwîzen *stv. vorwerfen.*
verzaget *mit gen. verzwei-
felt an; zurückhaltend,
knauserig mit.*
verzîhen, sich *mit gen. ver-
zichten auf.*
verzinsen *als zins hingeben.*

vielt *prät. von* valten.

vîent, vînt *feind.*

vieren *behauen, glätten* (= *lat.* quadrare).

vil *subst. mit gen. viel; adv. sehr.*

villen *geisseln.*

vingerlîn *stm. fingering.*

vingerzeigen *mit dem finger zeigen.*

viuhte *stf. feuchtigkeit.*

vlê = vlêhe *stf. das flehen.*

vliesen = verliesen.

vlîz *sorgfalt.*

vlîzen, sich *sich befleissigen.*

vlüetic *flutig, überströmend.*

voget *richter, schirmherr.*

volenden *zu ende bringen.*

volge *beistimmung.*

volgen: mite v. *folgen, gesellschaft leisten.*

volle *swm. fülle;* ze vollen *vollständig.*

volleclîche *adv. reichlich.*

volmezzen *reichlich gemessen.*

volrecken *vollständig auseinandersetzen.*

von *von, in folge von, vor, durch.*

vor: hie v. *früher.*

vorhte *stf., auch im plur. furcht.*

vremede *fern, fremd, zurückhaltend* (34 28), *seltsam.*

vreudehelfelôs *adj. dem niemand zur freude verhilft.*

vrevellîchen *adv. vermessen.*

vrî lâzen *fern bleiben von.*

vride *stm. waffenruhe, rechtssicherheit.*

vridebære *friedfertig.*

vriedel *geliebter.*

vrîen *frei machen.*

vristen *verschieben, schützen.*

vriunden *zum geliebten machen.*

vriundîn, -inne *geliebte.*

vriunt *freund, geliebter, geliebte.*

vriuntlîchen *adv. nach art eines geliebten.*

vrô sîn *mit gen. einverstanden sein, billigen.*

vrô=vrou *proklitische form zu* vrouwe.

vrône, vrôn *indeklinables adj. heilig.*

vrônebære *heilig, herrlich.*

vrônebote *gerichtsbote.*

vrouwe, vrou, vrô *herrin, (adlige) dame;* hêre v. *anrufung der Maria.*

vrouwelîn *diminut. dazu, als anrede an ein mädchen niederen standes, der der titel* vrouwe *von rechtswegen nicht zukommt.*

vrum(e) *swm. vorteil.*

vrümekeit *trefflichkeit.*

vrumen *nützen.*

vüegærinne *bewirkerin.*

vüegen *zu wege bringen, zu teil werden lassen.*

vuoge *schickliches benehmen, geschicklichkeit.*

vuore *lebensweise*

vuoz: niemer v. *nie einen fuss breit.*

vür *adv. und präp. vor, für, anstatt, über — hinaus, mehr als, gegen;* vür sich *vorwärts.*

vürder *adv. bei seite ,weg.*

vürgedanc *stm. voraus-
gehende überlegung.*
furrieren *füttern.*

gâch, mir ist g. *ich habe es
eilig.*
gâhe: in allen g. *in aller
eile.*
gâhen *swv. eilen.*
gampelspil *possenspiel.*
gan *ich gönne; zu* gunnen.
gân, gên *gehen;* abe g. *ge-
brechen;* an g. *angreifen;*
ûf g. *überhand nehmen;*
zuo g. *sich nähern.*
ganz *unverletzt, vollständig.*
ganzlîch *das selbe.*
gar *adv. ganz.*
ge- *partikel, bildet teils mit
einem nom. oder verb.
eine feste komposition von
eigentümlicher bedeutung,
teils hat es vor dem verb.
eine bestimmte syntakti-
sche funktion, ohne sonst
die wortbedeutung zu
verändern. Im letzteren
falle suche man unter dem
einfachen worte. So gibt
es dem prät. in temporal-
sätzen die bedeutung des
aorists und steht da, wo
im lat. das plusquamp. ge-
setzt wird. Ferner steht
es neben* ie *und den damit
zusammengesetzten wör-
tern, bei dem infin. nach
hilfszeitwörtern, in ver-
allgemeinernden relativ-
sätzen.*
gebe *stf. gabe.*
geben *swv. mit dat. be-
schenken.*
gebende *stn. kopfschmuck.*

gebieten: gebiut mir *verab-
schiede mich.*
gebûre *swm. bauer.*
gedanc *stm. gedanke.*
gedenken nâch *mit seinen
gedanken etwas zu erfas-
sen suchen.*
gedîen = gedîhen *stv. in
einen zustand geraten.*
gedinge *swm. u. stn. hoff-*
gedingen *hoffen.* [*nung.*
gedultic *verträglich.*
gevallen *zufallen.*
gevar *adj. eine gewisse farbe
habend.*
gevelle *stn. das fallen der
würfel, ausfall.*
gevriunt *mit freunden ver-
sehen.*
gevüege, *adv.* gevuoge
schicklich, wohlerzogen.
gegen, gein *präp. mit dat.
gegen, entgegen, gegen-
über.*
gehaben, sich *sich beneh-
men.*
gehaz *adj. feindlich.*
geheizen *versprechen.*
gehirmen *ruhen.*
gehiure *lieblich.*
gehovet *höfisch.*
geil *fröhlich.*
gein = *gegen.*
gelâz *stm. oder stn. gestalt,
aussehen.*
geleben *erleben.*
gelf *glänzend.*
gelîch *gleich; adv.* geliche
*gleichmässig, entspre-
chend.*
gelîchen *vergleichen, gleich
stellen; gleich kommen.*
geligen *darnieder liegen;* obe
g. *die oberhand behalten.*

gelt *stm. oder stn. vergel-*
tung; einkommen.

gelten *kosten; bezahlen,*
vergelten.

gelust *wohlgefallen.*

gemach *ruhe, bequemlich-*
keit.

gemeine *gemeinsam, über-*
einstimmend; ez. g. hân
gemeinsame sache machen.

gemeit *fröhlich, stattlich.*

gemelîch *spasshaft.*

gemüete *stn. gesinnung,*
stimmung.

gemuot *gesinnt, gestimmt.*

g(e)nâde *gnade, huld; ins-*
besondere gunst der ge-
liebten dame; eines g.
hân einem seine gunst ge-
währen; öfters ist g. bit-
tender ausruf, soviel als
„gewähret mir gnade".

genâden *gnädig sein.*

genædeclîch *gnädig.*

genæme *genehm, angenehm.*

genesen *am leben bleiben,*
erhalten werden, sein
seelenheil finden.

genieten, *sich mit gen. sich*
stark mit etwas abgeben.

geniezen *mit gen. vorteil*
wovon haben; genozzen
vorteil gewonnen habend.

genôz *stm. jemand der*
einem gleich ist (mit gen.).

genôzen *gleichstellen, dâ*
zuo dem.

genuoc *subst. indekl. genug;*
adj. viel; adv. genuoc und
genuoge.

ger *stf. verlangen.*

geræte *stn. rat.*

gerihte *stn. gericht, rechts-*
ordnung, regierung.

gerinc *stm. bemühen.*

gern *mit gen. begehren, ver-*
langen; die gernden die
gaben heischenden spiel-
leute.

gerne *gern, bereitwillig;*
komp. gerner.

geselle *genosse, freund.*

gesiht *stf. anblick; zir ge-*
sihte vor ihren augen.

gesinde *stn. gesamtheit der*
untergebenen.

gestalt *part. von* stellen.

gestân *stehen bleiben, blei-*
ben.

gesunde = *gesunt.*

geswern *stv. schmerzen,*
weh tun.

geswîgen *stv. verstummen.*

getât *stf. beschaffenheit.*

getriuwen, getrûwen *trauen,*
zutrauen, sich getrauen.

getwerc *stn. zwerg.*

gewalt *stm. gewalt, gewalt-*
tätigkeit.

gewalteclîche(n) *adv. gewal-*
tig, gewaltsam.

gewaltic sîn *mit gen. in*
seiner gewalt haben.

gewerp *stm. werbung, be-*
mühung.

gewinnen *erlangen, bekom-*
men.

gewizzen *adj. verständig.*

gewon *adj. gewohnt.*

geworht *part. von* würken.

gihe, giht *zu* jehen.

gîtekeit *habsucht.*

gîtsen *habsüchtig sein.*

glesîn *gläsern.*

gouch *kuckuck; narr.*

gougelære *gaukler.*

gougelbühse *zauberbüchse.*

gougelvuore *lebensweise, die wechselt wie die künste eines gauklers.*

grâ *grau.*

grât *stm. gräte.*

grimme *schrecklich.*

grînen *stv. knurren.*

grôz *dick, gross.*

güete trefflichkeit, auch im plur.

guggaldei *kuckuck* (?).

gülte *stf. schuld.*

gunêren *beschimpfen.*

gunnen *mit gen. gönnen.*

guot *adj. gut, nützlich;* vür g. hân *womit vorlieb nehmen.*

guot *stn. etwas gutes, besitz.*

habe *stf. hafen.*

habedanc *stm. dank, lob.*

haben, hân *haben, halten, behandeln; intr. halten (vom reiter).*

hal *prät. von* hellen *und von* heln.

halbe *adv. zur hälfte.*

halsen *stv. umarmen; part.* gehalsen *zärtlich.*

halten *behalten.*

handelunge *bewirtung.*

hancte *prät. von* henken.

hant: einer hande *einerlei;* guoter hande *von guter art.*

handgetât *stf. geschöpf.*

hâr: niht ein hâr *nicht das geringste.*

harphen *harfe spielen.*

harte *adv. zu* herte *sehr.*

heben, sich *sich aufmachen, anfangen.*

hei *interj. ha.*

heiden *stm. heide.*

heilegeist *heiliger geist.*

heiles wort *beglückwünschung.*

heim *heimwesen;* heim *nach hause;* heime *zu hause.*

heimesch *einheimisch.*

helfe *hilfe.*

helfen *mit akk. oder dat., mit gen. wozu verhelfen.*

hellemôr *höllenmohr, teufel.*

hellen *stv. schallen;* eilen *(?)* **82 53.**

heln *stv. verhehlen.*

henken *hängen lassen.*

her *her; bisher;* dâ her *bisher.*

hêr *und* hêre *erhaben, heilig, vornehm, übermütig.*

hêrebernde *herrlich, heilig.*

hêren *swv.* hêr *machen.*

hergeselle *kampfgenosse.*

hêrliche *adv. in herrlicher weise.*

hêrsch *sich vornehm benehmend.*

herte *hart.*

herzeleide *stf.,* herzeleit *stn. herzeleid.*

herzeliebe *stf. herzensfreude, herzliche neigung.*

herzeliep *stn. herzensfreude, geliebte.*

himelvrouwe *herrin des himmels.*

himelhort *himmelsschatz.*

hin *von hier;* hin umbe *auf die andere seite;* hin ze jâre *übers jahr.*

hînaht *heute nacht.*

hinder sich *zurück.*

hinne = hie inne *hierin.*

hiure *in diesem jahre.*

hôch *adj. hoch, herrlich, gehoben, fröhlich.*

hôchgemâc *adj. von vornehmer verwandtschaft.*

hôchgemüete *gehobene, fröhliche stimmung.*

hôchgemuot *adj. in fröhlicher stimmung.*

hovebære *in höfischer sitte bewandert.*

hovebelle *swm. hofbeller, höfling.*

hovelîch, *adv.* hovelîche(n) *hofgemäss.*

hövescheit *höfisches benehmen.*

höveschen *den hof machen.*

hovestæte *dem hofe treu.*

hovewert *des hofes wert.*

hôhe, hô *adv. zu* hôch; *sît ez in alsô hôhe stê da es ihnen so teuer zu stehen kommen kann.*

hœne *schmählich.*

honegen *voll honig sein.*

hœnen *in schande bringen.*

hornunc *februar, bildl. frostbeulen.*

hort *schatz.*

houbetsünde *todsünde.*

hübesch = hövesch.

hulde *huld, geneigtheit;* mit hulden *mit erlaubnis.*

huobe *hufe, stück land.*

huote *hut, aufsicht, auflauerung, vorsicht.*

ie *je; immer.*

iedoch *jedoch, dennoch.*

ieglîch, iegeslîch *jeglich.*

ieman *jemand; in absichtssätzen auch* = niemand.

iemer je (*nie nach* ich wânde); *immer;* iemer mêre *immerfort.*

iender *irgendwo.*

iesâ *sogleich.*

iesch *prät. von* eischen.

ietweder *jeder von zweien.*

ieze, iezuo *jetzt.*

iht *irgend etwas; adverbial: irgend, etwa; in absichtssätzen* = niht.

in *in, ein; ihn, ihnen.*

ingesinde *stn. gesamtheit der hofleute;* ich bin i. *ich gehöre zum* i.

inme = in dem(e).

innân *innen.*

inne *innen, in* inne bringen *m. gen. belehren über.*

inneclîch, *adv.* inneclîche(n) *herzlich.*

insigel *siegel, stempel.*

irre *mit gen. unsicher in bezug auf.*

irren *mit gen. stören worin.*

jâ *ja, fürwahr.*

jâmerlîche *adv. mit jammer.*

jârlanc *in dieser zeit des jahres.*

jehen *stv.,* 1. *sg. ind.* gihe *behaupten, zugestehen (mit dat. der person und gen. der sache);* sich j. vür *sich bekennen als.*

jô *fürwahr, ähnlich* joch.

junc: ze jungest *zuletzt.*

juncherre *junger herr.*

jungen *jung werden.*

kalc *kalk, tünche.*

kamerære *schatzmeister.*

kaphen *schauen.*

kappe *mantel.*

karkelvar *kerkerfarben (?).*

kein *irgend ein, kein.*

kemenâte *heizbares zimmer, vertrauliches gemach, im*

*gegensatze zu dem allge-
meinen empfangssaal.*

kemphe *kämpfer.*

kiel *schiff von bestimmter
art.*

kiesen *stv. wahrnehmen,
wählen.*

kint: *von kinde von kind
auf.*

kît *von* queden: *daz* k. *das
heisst.*

kiusche *adj. enthaltsam,
rein.*

kiusche *stf. enthaltsamkeit,
reinheit.*

klagen *mit akk. beklagen.*

kleine *subst.und adv.wenig.*

klôsenære *klausner.*

klûs *klause.*

knolle *swm. anschwellung;*
ich gewinne knollen *ich
werde grob.*

krâ *stf. krähe.*

kraft *kraft, fülle.*

krage *swm. hals.*

kranc *schwach, gering.*

kraneche *swm. kranich;* kra-
nechen trit *stolzer tritt.*

krenken *schwächen, ernied-
rigen.*

Krieche *swm. Grieche;* ze
Kriechen *in Griechenland.*

kristen *christ.*

kumber *bedrängnis, leid.*

künde *stf. bekanntschaft.*

kündeclîchen *adv. offen, vor
aller augen.*

kündekeit *list.*

kunder *stn. seltsames ge-
schöpf.*

kündic *bekannt.*

kunft *ankunft, herannahen.*

künftic *kommend.*

kunnen *wissen, verstehen,
können;* k. ze *sich auf
etwas verstehen;* einem
k. *mit einem fertig wer-
den können.*

kunterfeit *stn. das nachge-
machte, unechte.*

kür *stf. wahl;* sazen ander
k. *setzten sich zu einer
andern wahl* (?).

kür *konj. prät. von* kiesen.

kurzewîle *kurzweil, unter-
haltung.*

kurzlîch *adv. kurz.*

küssen *stn. kissen,* 27 31 *im
wortspiel mit* küssen *küs-
sen.*

lachelîche *adv. dem lachen
entsprechend.*

lâge *stf. hinterhalt.*

lân = lâzen.

lanc: eines tages lanc *die
länge eines tages.*

lantrehtære *jemand, der sich
mit dem landrecht abgibt,
danach richtet.*

lære *leer, mit gen. von.*

læren *leeren;* l. von *weg-
nehmen von* (69, 11?).

laster *schande.*

lasterlîche(n) *in schimpf-
licher weise.*

lâzen, lân *lassen, verlassen,
fahren lassen vergeben;*
sich l. *sich verlassen;*
einem den strît l. *ihm das
feld räumen;* lât mich
gân *nehmt an (gesetzt),
ich ginge.*

lê *stm. hügel.*

leben *stn. leben, stand, stel-
lung.*

lecker *schmarotzer,*
ledic *frei.* [*schmeichler.*
lêhen *lehen, verleihung.*
leide *adv. schmerzlich;* l. sîn
  weh sein; l. tuon *weh tun.*
leiden *unangenehm werden*
  oder sein; unangenehm
  machen.
leisten *befolgen.*
leit *adj. leid, verhasst.*
leit = leget; leite = legete.
leste *superl. letzte.*
letzen *m. akk. ein ende*
  machen.
liebe *stf. freude, liebe;* in K
  bedeutet liebe *das liebsein*
  wie schœne *das schönsein.*
liebe *adv. angenehm;* mir
  wirdet l. *ich kommen in*
  angenehme stimmung.
lieben *angenehm werden*
  oder sein; angenehm
  machen.
liegen* *lügen; verweigern:*
  nie gelouc, ez ensagete
  nie verweigerte zu sagen.
lieht *adj. licht, glänzend.*
liep *stn. freude, angeneh-*
  mes; geliebte(r).
ligen *liegen, niedersinken;*
  l. an *worauf beruhen, wo-*
  mit verknüpft sein; obe
  l. *obsiegen.*
lîhen, *prät.* lêch *leihen, zu*
  lehen geben; part. geligen
  erborgt, nur äußerlich an-
  genommen.
lîhte *adj. wertlos.*
lîhte *adv. leicht, vielleicht.*
lîhtgemuot *oberflächlich.*
liljenvar *lilienfarben.*
lîp *leip, leben, person.*
list *stm. wissen, kunst, list.*
liuten *dat. pl. von* lût *laut.*

lô = lôch *stm. hain.*
loc *stm. locke.*
lôs *leichtfertig, frech.*
lœsen *loskaufen.*
lougen *stn. läugnung;* âne,
  sunder l. *unläugbar.*
lûne *laune, unbeständigkeit.*
lützel *substantivisch und*
  adverbial wenig; öfters
  litotes = *nichts, nicht;*
  lützel ieman = *niemand.*

mâc *stm. verwandter.*
maget *jungfrau.*
magetlîch *jungfräulich.*
malhe *swf. sack, tasche.*
man *mann, lehnsmann.*
mâne *swm. mond.*
manec *manch, viel.*
mære *adj. herrlich, wert.*
mære *stn. nachricht, ruf;*
  hôher m. sîn *in grossem*
  ansehn stehen.
margarîte *perle.*
marh *stm. streitross.*
mat *subst. das mattmachen*
  im schachspiel; einem m.
  tuon *einen matt machen.*
mâze *stf. mass, verhältniss;*
  ze mâze *in gehöriger*
  weise.
mê = mêr.
meinen *meinen, im sinne*
  haben, seine neigung wor-
  auf richten (mit akk.);
  mit lobe m. = *loben;* m.
  an *beziehen auf.*
meiste *superl. grösste.*
melden *verraten.*
menen *treiben.*
menneschlîchen *adv. als*
  mensch.
menscheit *menschliches we-*
  sen.

mêre, mêr, mê *substantivi-scher und adverbialer komp. mehr; weiter, fer-ner.*

merkære *aufpasser.*

merken *aufpassen, beach-ten.*

mez. *stn. mass.*

mezzen *messen, zumessen, abwägen.*

michel *gross;* michels *um vieles.*

mîden *meiden, fern bleiben wovon.*

miete *lohn.*

milte *adj. freigebig; stf. frei-gebigkeit;* milteclîche *adv. freigebig.*

minneclîch, *adv.* minnec-lîche(n) *auf liebe bezüg-lich, in einer der liebe entsprechenden weise; lieblich.*

minner *adj. kleiner; subst. und adv. weniger.*

missebieten *mit dat. gering-schätzig behandeln.*

missegân *übel ergehn.*

missestân *übel anstehn.*

missetât *vergehen, makel.*

missetreten *fehl treten.*

missetuon *unrecht handeln.*

missevarn *verkehrt handeln.*

missewende *stf. makel.*

mitewist *stf. beiwohnung.*

mittel *adj. in der mitte be-findlich.*

mittelswanc *mittlerer schwung.*

mitten, ie mitten *mittler-weile.*

müen = müejen *quälen, be-trüben.*

müezen *in die lage kommen etwas zu tun, müssen, sollen, mögen.*

mugen *können, vermögen; gerne m. guten grund wo-zu haben;* muget ir schou-wen *so viel als "schaut doch";* waz mac ich (des) *was kann ich dafür;* daz ich es niene mac *nichts dafür kann.*

münizîsen *prägstempel.*

muose *prät. von* müezen.

muot *seele, sinn, stimmung, absicht;* mir wirdet ze muote *mit gen. der sache ich entschliesse mich wo-zu.*

muoten an *begehren von.*

nac *stm. nacken.*

nâch *adv. beinahe; nach* (darnâch *nachdem); präp. nach, gemäss.*

nâchgebûr *nachbar.*

nâhe(n) *adv. nahe;* n. spehen *genau zusehen;* n. ligen *am herzen liegen.*

næhest *jüngst, vor kurzem.*

name *swm. name, stand, person.*

ne, en, *angelehnt* n. *nicht; in abhängigen konjunk-tivsätzen es sei denn, dass; dass nicht =* lat. quin.

nebelkrâ *stf. nebelkrähe.*

neinâ *nicht doch, auch als ermunternder zuruf ge-braucht, ohne dass etwas zu verneinen ist.*

nemen: sich an n. *mit akk. sich mit etwas befassen.*

nern *am leben erhalten.*

nîden *stv. hassen, beneiden,
zürnen wegen.*

nider *adj. niedrig.*

niender, niener *nirgends; in
keiner hinsicht.*

niene *nicht.*

niet = niht.

nîgen *stv. sich neigen.*

niht *nichts, nicht;* niht
steines *kein stein.*

nît *hass, neid, zorn;* nît hân
m. gen. *zürnen wegen.*

niuwan, niwan *nichts als,
nur.*

niuwe *adj neu, neumodisch.*

niuwe *stf. neuheit, frische.*

noch *und auch nicht, noch;
ein* weder *kann vorher-
gehen, ist aber häufig zu
ergänzen.*

nône *(neunte stunde) him-
melfahrtstag.*

nôt âne n. lâzen *unbehelligt
lassen.*

nôtic *in not befindlich.*

nû *jetzt, nun, nun aber; da
nun.*

nuz *stm. ertrag.*

ob *präp. über; konj. wenn,
ob.*

obe *adv. oben, über, mit
dat. über etwas hinaus.*

obedach *obere bedeckung,
abschluss.*

ordenunge *ordnung abtei-
lung (engelchor).*

organieren *die begleitung
spielen (?).*

ors *stn. ross.*

ort *stm. spitze, ende;* unz ûf
(an) daz ort *bis zu ende,
vollständig.*

ouge: under ougen *in's ge-
sicht, im g.*

ougenblic *blick der augen.*

ougenweide *stf. was man
mit den augen erblickt.*

ouwê, ouwî *ach (drückt
schmerz, sehnsucht und
erstaunen aus).*

palas *stmn. hauptgebäude
einer burg, welches den
saal enthält.*

phaffe *swm. geistlicher
(nicht verächtlich).*

phaflich *adj. nach art der
geistlichen.*

phahten *gesetzlich feststel-
len.*

pharre *swf. pfarrei.*

Phât *stm. Po.*

phâwe *swm. pfau.*

phenden *berauben.*

phlegære *vormund.*

phlegen *stv. mit gen. sich
womit abgeben, wofür
sorgen, etwas treiben,
leisten, besitzen.*

phliht *anteil;* âne p. *ohne
dass jemand daran anteil
nimmt.*

phlihten *sich verbinden;* zuo

porte *pforte.* [mit.

prüeven *untersuchen; an-
stiften.*

Pülle *Apulien.*

rât: des wirdet rât *dafür
wird abhülfe geschaffen;*
mîn w. r. *mir wird gehol-
fen, ich werde gerettet.*

redegeselle *freund, gelieb-
ter, der sich an der unter-
haltung mit der geliebten
genügen lässt.*

rederích *verständig.*

regen *in bewegung setzen.*

reht *stn. recht, was einem zukommt;* ze rehte *in richtiger weise, von rechtswegen;* durch r. von rechtswegen.

rehte *swn. das selbe;* nâch dem rehten *richtig, gerade.*

rehte *adv. recht, gerade, wahrhaft.*

reine *trefflich.*

reise *zug, auch kriegszug.*

rennen *sprengen (vom reirêren fallen lassen.* [ter).

rîch(e) *adj. reich, vornehm.*

rîche *stn. reich, herrschaft, reichsoberhaupt.*

rîchen *reich machen.*

rihtære *richter, leiter.*

rihten *gerade machen, richten;* einem r. *ihm recht verschaffen.*

rimphen *stv. sich zusammenziehen.*

rinc *panzerring; kreis von menschen, insbesondere gerichtsversammlung.*

ringe *leicht, klein.*

ringen *stv. kämpfen, sich abmühen.*

ringen *swv. leicht machen.*

rîs *stn. stab, zepter.*

rîsen *stv. fallen;* einem ûf r. *auf einen fallen.*

riuschen, rûschen *rauschen.*

riuten *ausroden.*

riuwe *schmerz, reue.*

riuwen *stv. schmerzen, leid tun.*

Riuze *Russe.*

rœseloht *rosig.*

rücke *stm. rücken.*

rüegen *mit akk. vor gericht worüber klagen.*

rüemære *prahler.*

rüemic *prahlerisch.*

rüeren *berühren, treffen.*

rûnen: einem mite r. *mit einem vertraulich flüstern.*

ruochen *mit gen. sich kümmern, geruhen;* nû enruoche *ich kümmere mich nicht darum, es ist mir einerlei.*

ruowe *ruhe.*

s *angelehnt* = es *oder* si.

sælde *stf. glück, heil.*

sældenrîch *segensreich.*

sælekeit *glück.*

sælic *beglückt;* sælic sî *segenswunsch, mit dem man sich von etwas abwendet, womit man nichts zu schaffen haben will.*

sam *ebenso; wie, als ob.*

sanfte *adv. sanft, angenehm, wohl.*

sant = samt *mit.*

sâze *stf. hinterhalt.*

schaben *abkratzen.*

schâch *schach (der zuruf beim spiel).*

schaffen *stswv. ausführen, einrichten, festsetzen, bestimmen, vermachen;* mit in schaffen *mit ihnen gemeinsame sache machen;* part. geschaffen *beschaffen, gestaltet.*

schal *freudiger lärm einer hofhaltung;* ze schalle werden *zum gespött werden.*

schalc *knecht, gemeiner, boshafter mensch.*

schalchaft *gemein, böswillig.*

schalcheit *gemeines beneh-
men.*

schallen *lärmen, jubeln; ein
grosses haus machen* (**75**
87).

scham(e) *scham, schamhaf-
tigkeit:* wîbes sch. *etwas,
dessentwegen sich ein
weib zu schämen hat.*

schamen *schämen.*

schapel *stn. blumenkranz.*

scheiden *scheiden, unter-
scheiden, entscheiden.*

schellen *einen schall machen.*

schemelîch *schändlich.*

schernen *spotten.*

schiere *bald.*

schiezen *intr. sich rasch be-
wegen.*

schilhen *schielen.*

schimphen *scherzen.*

schîn *adj. offenbar;* sch.
tuon *zeigen,* sch. werden
sich zeigen.

schîn *stm. glanz, äusseres
ansehn.*

schînen *glänzen, sich zeigen.*

schône *adv. zu* schœne.

schouwen *substant. infin.
aussehen.*

schrîn *stm. oder stn. schrein.*

schrôten, *prät.* schriet,
*schneiden, zuschneiden,
bildl. zuteilen.*

schulde, schult *schuld; von
schulden mit gutem
grunde, mit recht.*

sê *interj. siehe, da (hast du).*

sedel *stm. sitz.*

seit, seite = *saget, sagete.*

seiten *umstricken* (?).

selde *stf. wohnsitz.*

selpvar *eigene farbe habend,
ungeschminkt.*

selpwahsen *von selbst ge-
wachsen.*

selpwesende *durch sich
selbst existierend.*

selten, *häufig litotes* = *nie.*

seltsæne *seltsam.*

sem mir (semir = sam mir)
got *so wahr mir gott helfe.*

senelîch *betrübt;* senelîcher
kumber *liebeskummer.*

senen *intr. und refl. schmerz,
besonders liebesschmerz
empfinden; part.* senede,
sende; sende leit *liebes-
leid,* sende suht *liebes-
krankheit.*

senfte *adj. sanft, angenehm.*

senften *besänftigen, er-
leichtern.*

sêr *stn. schmerz.*

sêren *verletzen.*

ses *die sechs auf dem würfel.*

sêt, *pluralbildung zu* sê.

setzen *einsetzen;* vür s. *sich
vorstellen, erwarten.*

sibenen *zur sieben machen.*

sicherheit *gewähr, bürg-
schaft.*

siechen *krank sein.*

siechhûs *krankenhaus.*

sîgen *stv., prät.* seic *sinken.*

sigenunft *sieg.*

sin *häufig im pl. geist, ver-
stand;* einen sin (**67 12**)
*eine verständige über-
legung.*

sinewel *kugelrund.*

sinewellen *wie eine kugel
rollen.*

sinnelôs *nicht bei sinnen.*

sinnen ze *auf etwas denken.*

sippe *adj. verwandt.*

sippe *stf. verwandtschaft.*

sît *später, seitdem;* sît daz oder bloss sît *rel. nachdem, da.*

site *stm., öfters im plur. sitte, benehmen.*

sitzen *sich setzen;* gesezzen sîn *sitzen.*

siuren *bitter machen.*

slahte *stf. art;* einer s. *von einer gewissen art.*

sleht *schlicht, glatt.*

slîchen *leise gehen.*

slinden *stv. verschlingen.*

sliphic *glatt.*

sloufen *anziehen.*

slucken *verschlingen.*

smac *geruch, duft.*

smæhe *widerwärtig, verächtlich.*

smal *schmal, gering.*

smecken *duften.*

smiegen *stv., part.* gesmogen *schmiegen.*

snarrenzære *geigenkratzer* (?).

snit *schnitt, ernte.*

sô *so, wie, wenn, dann; somit, darum, anderseits, dagegen;* sô-ie — sô-ie *je-desto.*

sorgen *betrübt sein.*

spæhe *kunstvoll.*

sparn *schonen;* ûf s. *aufschieben.*

spehen *prüfend betrachten, gewahr werden.*

spil *spiel, ergötzung; daz bezzer* s. *das bessere teil.*

spilde = spilnde *part.*

spil(e)n *sich lebhaft bewegen, hüpfen, funkeln.*

spiz *spiessbraten.*

spor *stn. fusstapfe.*

sprechen *mit dat. einem etwas nachsagen, einen nennen;* einem zuo s. *zu* einem sprechen; *einen tac* s. *festsetzen.*

spruch *ausspruch, wort;* lâzent sîn ze spruche niet *lassen ihn nicht zu worte kommen.*

staben *den eid abnehmen (man wurde dabei mit dem stabe des richters berührt).*

stân, stên *stehen, sich befinden, sich ausnehmen;* s. an *abhängen von;* bî s. *neben etwas stehen;* lâ stân *halt inne.*

starc *gewaltig, gewichtig.*

stat *stf. stelle;* an mîner s. *soweit es auf mich ankommt.*

stat(e) *stf. gelegenheit.*

stæte *adj. beständig; subst. beständigkeit; adv. stæteclîchen.*

stæten *beständig machen, sichern.*

stegen *den weg bereiten.*

stelle *f. gestell zum aufbewahren von gegenständen* (69 11?).

stellen *anstellen; part.* gestalt *gestaltet, beschaffen.*

sterben *swv. töten.*

stille *heimlich.*

Stîre *Steiermark.*

stiure *stf. unterstützung.*

stiuren *unterstützen.*

stôle *stf. priestergewand.*

stœren *in unordnung bringen, zerstören.*

stolz *stattlich.*

strâle *stf. pfeil.*

strît *streit, eifrige bemühung;* sunder s. *sicherlich;* den s. behalten *das
feld behaupten;* einem den
s. lâzen *sich für überwunden erklären, das feld
räumen.*

striuzen *spreizen.*

strô *strohhalm, strohlager.*

stunde: zu stunden *alsbald;*
under stunden *ab und zu;*
zeiner stunde *einmal.*

stunt = stunde *in adverbialen ausdrücken:* zaller
s. *immer;* an der selben s.
alsbald.

sturm *kampf.*

süenære *friedensstifter.*

süenen *zum frieden bringen.*

süeze *adj. süss, lieblich;
substant. süssigkeit.*

süezen *süss machen.*

suht *krankheit.*

suln *schuldig sein, sollen,
werden.*

sumelîch *manch.*

sumerlate *stf. einjähriger
schössling, rute.*

sûmunge *säumnis.*

sünden *sündigen.*

sunder *adj. besonder; adv.
besonders; präp. ohne.*

sundern *swv. sondern.*

sunnevar *sonnenfarbig.*

suochen, an einen *einen ersuchen um.*

suone *frieden.*

suontac *tag des jüngsten
gerichts.*

sus *so.*

swâ [sô] *wo immer.*

swach *gering, wertlos.*

swachen *verringert werden;*
schwächen *beeinträch*

tigen, *an der ehre schädigen.*

swalwe *swf. schwalbe.*

swanne, swenne *wenn (temporal).*

swar *wohin immer.*

swâr, swære *schwer, drükkend, unangenehm.*

swære *stf. kummer.*

sweben *schweben, schwimmen.*

sweiben *schweben.*

swelch, -hes *was für einer,
welcher.*

swenden *schwinden machen.*

swenken *schwingen.*

swer, swaz [sô] *wer, was
auch immer; wenn jemand;* swaz kumbers
wieviel kummer.

swern *schwören.*

swie *wie auch immer, wie
sehr auch, wiewol.*

swinde *kräftig.*

swingen (*sich*) *schwingen.*

tac: bî kurzen tagen *vor
kurzer zeit.*

tach *bedeckung.*

tageliet *morgenlied des
wâchters, im plur., weil
liet die einzelne strophe
bedeutet.*

tandaradei *bedeutungsloser
refrain.*

tar 1. *sg. zu* turren.

teil: mîner vreuden teil *was
mir an freuden zugeteilt
ist;* ein teil *etwas.*

tiure *adj. kostbar, wert, selten; adv. um hohen preis;
komp.* tiurre.

tiuren *wertvoll machen, verherrlichen.*

Tiu(t)sch *deutsch.*

toben *rasen, nicht bei verstande sein.*

Toberlû *Dobrilugk, ehemaliges zisterzienserkloster, jetzt stadt im regierungsbezirk Frankfurt a.Ô.*

tœren *zum besten haben.*

tœresch *töricht.*

torste *prät. von* turren.

touc **1.** *sg. zu* tugen.

touf *stm. taufe, christliche religion.*

tougen *adj. und adv. heimlich, stn. geheimnis.*

tougenlîche *adv. im geheimen.*

Trabe *Trave.*

trâge *adv. zu* træge *säumig.*

trahten *überlegen.*

Trâne *Trani.*

treffen *stv. erreichen.*

treit **3.** *sg. ind. von* tragen.

triuten *lieb haben, liebkosen.*

triuwe *stf., häufig im pl. treue, gegebenes wort,* an den triuwen mîn, bî mînen triuwen *in treuer gesinnung, aufrichtig.*

trôst *zuversicht, hoffnung.*

trœsten *ermutigen, hoffnung machen.*

trüge *stf. betrug.*

trügelîch *adv.* trügelîchen *betrügerisch.*

tugen *taugen, wert sein.*

tugenden *mit* tugent *ausstatten.*

tugent *tüchtigkeit, treffliche eigenschaft oder wirkung, feines benehmen.*

tugenthaft *liebenswürdig, gefällig.*

tumben *sich unbesonnen benehmen.*

tump *unerfahren, unbesonnen, töricht.*

tuon *tun, handeln machen; wo es ein vorhergehendes verb. vertritt, ebenso construiert wie dieses* (si sehent mich . . alsô tuon ich si); under t. *ducken, verstecken;* getân *beschaffen,* wol g. *schön.*

turn *turm.*

turren, ich tar, *prät.* torste *wagen.*

tûsentstunt *tausendmal.*

twahen *stv. waschen, praet.* twuoc.

twerh *quer, schief; gen.* twerhes *adv.*

twingen *zwingen, in seiner gewalt haben, bekümmern.*

übergeben *aufgeben.*

übergenôz *stm. was alles andere in seiner art übertrifft.*

übergrâ *übermässig grau,*

übergulde *stf. was etwas anderes an wert übertrifft.*

übergülden *mit akk. einen höheren wert verleihen.*

überhêr *übermässig vornehm.*

überhêre *übergewalt.*

überhœhen *übertreffen.*

überic *zu gross.*

überkomen *überzeugen.*

übermâze *stf. was über das gebührende mass hinausgeht.*

übermüete *stf. übermut.*

übersehen *nicht beachten.*

überstrîten *besiegen.*

übertrinken, sich *sich im trinken übernehmen.*

überwundern *durch wunder überbieten.*

üeben, sich *sich bemühen.*

ûf *adv. und präp. auf, auf — hin, gegen, hin nach;* ûf und abe *zu und ab;* ûf und ûz *ganz und gar;* ûf ein *zusammen.*

ûfe *adv. auf;* û. tragen *auf dem kopfe tragen.*

umbevâhen *umarmen.*

umbegrîfen *umfassen.*

unbehuot *ohne aufsicht.*

unbereit *unzugänglich, fern.*

unbescheiden *nicht bescheid wissend.*

unbetwungen *nicht von kummer bedrückt.*

unbewollen *unbefleckt.*

unbeworren *unbehelligt.*

unbilde *stn. unerhörte erscheinung.*

undanc: habe u. *sei verwünscht.*

ünde *stf. woge.*

under *adv. und präp. unter, zwischen;* dar under *dabei, inzwischen.*

underkomen *sich vorsehen*

underleinen *stützen.* [gegen.

underwîlen(t) *zuweilen.*

underwinden, sich *sich annehmen.*

unebene *unangemessen.*

unêren *schänden, geringschätzig behandeln.*

unerlân *nicht fahren gelassen.*

unverebenet *unausgeglichen.*

unverschart *unverletzt.*

unverworren *ungestört.*

unverzaget *unverdrossen.*

unvuoge *unschicklichkeit.*

ungahtet *mit gedanken nicht erfasst.*

ungebachen *ungebacken, unausgebildet* (?).

ungebære *stf. gejammer.*

ungedienet *ohne gedienet zu haben.*

ungedult *unverträglichkeit.*

ungevüege *adj. unschicklich, von unschicklichem benehmen;* stf. *unschicklichkeit.*

ungevuoc *stm. ungebühr.*

ungehazzet *nicht angefeindet.*

ungelônet: des wirt u. *das bleibt unbelohnt.*

ungeloube *falscher glaube, irrlehre.*

ungemâlet *ungeschminkt.*

ungemeine *nicht allen gemeinsam.*

ungemüete *üble stimmung.*

ungenâde *ungnade, elend.*

ungenæme *widerwärtig.*

ungeslehte *unedle Herkunft.*

ungesühte *stn. gicht.*

ungewert *keine gewährung erlangend.*

ungezogenlîche *auf unfeine art.*

unheimlich *nicht vertraulich.*

unhövescheit *unfeines benehmen.*

unkiusche *stf. unkeuschheit.*

unkristen *stm. nichtchrist.*

unmære *gleichgültig, zuwider.*

unmâze *stf. masslosigkeit, unziemlichkeit* (**78** 89).

unmâze *adj. masslos.*

unnâhen *adv. fern.*

unnôt: mir ist u. *ich habe nicht nötig.*

unrehte *adv. unrichtig, mit unrecht.*

unsælic *vom unglück verfolgt, verwünscht.*

unsanfte *adv. unangenehm;* u. tuon *weh tun.*

unschamelîch *adj. dessen man sich nicht zu schämen braucht.*

unsenfte *adj. unangenehm.*

unsinnen *subst. infin. törichtes benehmen.*

unstæte *adj. unbeständig; stf. unbeständigkeit.*

unsûmic *nicht saumselig.*

unwerdekeit *mangel an achtung.*

unwert *gering geachtet.*

unwirden *mit akk. die achtung benehmen.*

unwîse *üble melodie.*

unwitze *stf. unverstand.*

unz *bis.*

urloup *erlaubnis (zu gehen), verabschiedung.*

urspringe *quell.*

ûzer *adj. äussere.*

wâ *wo;* wâ nemt ir *woher;* wâ nû *wo sind nun.*

wâfen *interj. wehe.*

wæjen, wæn *wehen.*

wal, *gen.* walles *das wallen, wallende flüssigkeit.*

Walh *stm. Wälscher.*

walden, walten *mit gen. in seiner gewalt haben, sich womit abgeben, es fügen.*

walgen *sich wälzen, rollen.*

wallære *pilger.*

wamme *stf. bauch.*

wan 1. *ausser, nur, als (nach negation), sondern;* wan daz *nur dass, wenn nicht;* wan der dorn *wäre nicht der dorn;* niht wan *nichts als nur;* 2. = wande; 3. *warum nicht, dass doch.*

wân *meinung, hoffnung;* âne w., sunder w. *sicherlich;* nâch wâne *aufs ungewisse.*

wanc, *plur.* wenke *das wanken, abkehr von etwas.*

wande, wand, wan *denn, weil.*

wandel *stm. oder n. makel, fehler, schadenersatz.*

wandelbære *mit fehlern behaftet.*

wandelieren *variieren, mannigfaltig machen.*

wandeln *schadenersatz leisten.*

wænen *meinen, glauben, hoffen.*

war nemen, w. tuon *mit gen. achten auf.*

war *adv. wohin; wo in* w. nâch, w. zuo.

wâr *stn. wahrheit;* w. haben *recht haben.*

wârhaft *sein wort haltend.*

wârheit *wahrhaftigkeit, gegebenes wort;* von w. *wahrhaftig.*

warnen, sich *sich versorgen.*

warten *schauen;* warten (*mit gen.*); *auch mit dat.* = *auflauern;* warte umbe dich *schau dich um, nimm dich in acht.*

wasten *verwüsten.*

wât *stf. gewand.*

wê *wehe, ach (für jede art
von gemütsbewegung).*

wec: *under wegen lân bleiben lassen; ze wege auf
dem wege, fort.*

weder *welcher von zweien;
im ersten gliede einer
doppelfrage* = *lat.* utrum.

wegen *stv.* wägen, erwägen;
hôhe w. *hoch anschlagen,
grossen wert legen auf.*

wegewerende *den weg versperrend.*

weise *swm.* waise; *so hiess
der kostbare edelstein in
der deutschen königskrone, weil er nicht seinesgleichen hatte.*

wellen *wollen; meinen, behaupten;* waz wolde ich
dar gesezzen *was hatte es
für einen zweck, dass ich
mich dahin setzte.*

wenden *hinwenden, zuwenden; abwenden, ein ende
womit machen; mit akk.
der person und gen. der
sache einen wovon abbringen.*

wenen *sich mit gen. sich abgeben mit.*

wengel *stn.* wänglein.

wenken *ausweichen, nicht
stand halten.*

wer, waz *wer; irgendwer;
gen.* wes *weshalb;* waz *mit
gen.* was für; waz ob *wie
wenn, vielleicht;* waz
danne, w. darumbe *was
tut es.*

wer *stf.* verteidigung.

werben *sich bemühen, handeln.*

werc *werk, (schneider-)arbeit.*

werde *in würdiger weise.*

werdecliche(n) *in ehrenvoller weise;* w. ligen
würdig angebracht sein.

werdekeit *ehre.*

werden *werden, zu teil werden;* wider w. *zurückkommen, von neuem zu teil
werden;* ze leide w. *in leid
geraten;* waz wirt der
vogelîne *was soll aus den
vöglein werden.*

werfen: umbe w. *herumwerfen, verändern.*

werlt, welt; zer werlte *verstärkt bei* ie; al diu werlt
vok.

wern *währen, dauern.*

wern *gewähren mit akk. der
person und gen. der sache.*

wern *wehren.*

werren *stv. mit dat.* stören,

wesen *sein.* [bekümmern.

wesse *prät. von* wizzen.

wette *stn. pfand, bezahlung
einer schuld.*

wibel *stm.* kornwurm.

wîben, *sich ein weibliches
wesen annehmen.*

wider *adv. gegen, dawider;
zurück, von neuem; präp.
mit akk. und dat.* gegen,
gegenüber *im vergleich*

widerlernen *verlernen.* [zu.

widersagen *das gegenteil
von etwas sagen (mit
akk.); fehde ankündigen.*

widerstân *zuwider sein.*

widerstrebe *widerstand.*

widerstrît *wettstreit;* en w.
um die wette.

widerswanc *gegenschlag.*

widertuon *zurückgeben, vergelten.*

widerwürken *zu nichte machen.*

widerzæme *widerwärtig.*

wiht *geringfügiges ding, nichts.*

wilde *adj. nicht gezähmt, nicht vertraut, fremd.*

wilde *stf. ungezähmtheit, unstätes benehmen.*

wîle: die wîle *währenddem;* under wîlen *bisweilen.*

wîlent *ehedem.*

wint: ein w. *etwas nichtiges.*

wîpheit *weiblichkeit.*

wirde *würde, ehre.*

wirden *wert machen.*

wirs *adv. komp. schlechter.*

wirtschaft *hausherrnschaft.*

wîse *weise, melodie; kürzere form* wîs; in balles wîs *nach art eines balles.*

wit *stf. strang aus geflochtenen reisern; bî der wide bei strafe des stranges.*

witze *stf., öfters im plur. verstand.*

wîz, daz wîze = *das weisse im auge.*

wîzen *stv. vorwürfe machen, einem die schuld wovon (akk.) geben.*

wizzende *stf. wissen.*

wolgetæne *schönheit.*

wolveile *leicht käuflich;* w. unwirdet *l. k. zu sein schändet.*

wort und wîse *text und melodie.*

wunder, *wunder, etwas ausserordentliches, mit gen. grosse menge wo-*

von; mich nimt w. eines dinges *mich ergreift verwunderung worüber.*

wunderære *wundertäter.*

wunderlîch *wundervoll, seltsam.*

wunderlîchen *adv. ausserordentlich.*

wundern *wunder tun.*

wundervol *ausserordentlich gut.*

wünnebernde, wünneclîch *wonnevoll.*

wunsch *vollkommenheit; ze wunsche in vollkommener weise.*

wünschen *sich ideale bilden, phantasieren.*

würken, *part.* geworht *handeln, bereiten.*

wurz *stf. kraut.*

zage *swm. feigling.*

zagel *swm. schwanz.*

zâhî *interj. ha.*

zam *vertraut.*

zamen *zahm, fügsam machen.*

zart *stm. liebkosung.*

zarten *liebkosen.*

zehant *sogleich.*

zein *stm. metallstab.*

zeln ze *anrechnen als; gleichstellen womit.*

zemen *stv. geziemen, wol anstehen, gebühren.*

zer *stf. zehrung.*

zerliden *zerstückeln.*

zerstœren *in verwirrung bringen.*

zesewer *adj. flekt. rechter (dexter).*

zestunden *sofort.*

zewâre *fürwahr.*

ziehen *ziehen, erziehen;* den zuom z. *straff anziehen, um den lauf zu hemmen;* baz gezogen *besser gezeichnet, gebildet;* z. ûf *hinauslaufen auf.*

zirkel *stm., reif, fürstenkrone.*

zît: an der z. *rechtzeitig.*

zogen *hinhalten.*

zorn: mir ist z. *mich versetzt in zorn.*

zucken *gewaltsam oder rasch ziehen, wegreissen;* si zuhten ûf *sie rissen in die höhe (ihre habe, damit niemand etwas davon bekäme).*

zuht *erziehung, wolgezogenheit, anstand.*

zunge *sprache, nation.*

zweien *entzweien.*

zwîvel *zweifel, ungewissheit; verzweiflung.*

zwîvelære *verzweifler, pessimist.*

zwîvellîch *verzweiflungsvoll;* zwîvellîcher wân *verzweiflung.*

zwîvellop *zweideutiges lob.*

zwîvelwân *ungewissheit.*

zwir *adv. zweifach.*

zwisch *zweifach in* under zwischen *unter einander.*